中國學術思想

研究輯刊

十八編

林慶彰 主編

第 **12** 冊

宋儒論韓愈排佛與師道

劉素玲 著

花木蘭文化出版社

國家圖書館出版品預行編目資料

宋儒論韓愈排佛與師道／劉素玲 著 — 初版 — 新北市：花木
蘭文化出版社，2014〔民103〕
目 2+154 面；19×26 公分
（中國學術思想研究輯刊 十八編：第 12 冊）
ISBN：978-986-322-683-3（精裝）
1.（唐）韓愈　2. 學術思想
030.8　　　　　　　　　　　　　　　　　103001980

ISBN- 978-986-322-683-3

中國學術思想研究輯刊
十八編　第十二冊　　　　　　　ISBN：978-986-322-683-3

宋儒論韓愈排佛與師道

作　　　者　劉素玲
主　　　編　林慶彰
總 編 輯　杜潔祥
副總編輯　楊嘉樂
編　　　輯　許郁翎
出　　　版　花木蘭文化出版社
社　　　長　高小娟
聯絡地址　235 新北市中和區中安街七二號十三樓
　　　　　　電話：02-2923-1455／傳眞：02-2923-1452
網　　　址　http://www.huamulan.tw 信箱 hml 810518@gmail.com
印　　　刷　普羅文化出版廣告事業
封面設計　劉開工作室
初　　　版　2014 年 3 月
定　　　價　十八編 16 冊（精裝）新台幣 28,000 元　　版權所有・請勿翻印

宋儒論韓愈排佛與師道

劉素玲　著

作者簡介

劉素玲，1960 年生於臺北，國立臺灣大學中國文學研究所碩士。任教於僑光科技大學通識教育中心，一向以作育英才、傳承文化為志業。擔任社團——孔孟學會指導老師二十餘年，致力於推廣儒家思想：除帶領學生研讀經典外，並從事觀摩祭孔、舉辦成年禮、導覽古蹟等體驗活動。另編撰《大學文學選讀》（2010）及《大學文學漫步》（2013）等教科書。

提　要

　　中唐韓愈不但為古文運動之開創者，其對思想史亦有貢獻。於佛教盛行之社會背景中，從人倫日用觀點大力排佛；又勇於挑戰世人嘲諷，為師授徒，承傳並確立儒家道統。韓愈「排佛」與「師道」之議題二者互為表裡。本書試從時代較近之宋儒相關評論，歸納並分析其理論之提出及自身之實踐，發現韓愈不僅於當代產生積極作用，更成為宋代新儒學之先驅。

　　韓愈排佛之理論，著眼於社會倫理、民生經濟之影響等實用面，欲破除佛老虛無思想，惜未能從宗教哲理作心性之辯證，頗受宋儒詰難。韓愈排佛之實踐，亦因曾與僧大顛往來而受到陽儒陰釋之質疑；儘管〈與孟尚書書〉已為己辯解，仍遭宋儒多所抨擊。

　　韓愈師道之理論，以師為道之傳人，所傳乃儒家之道。於中唐當世重振孔孟思想，為排佛之有力憑藉；除凸顯人師有傳道之重責，並重視廟學之教化功能。韓愈師道之實踐，不但抗顏為師，且獎掖後進，禮賢下士，宋儒多肯定其有功於師道。從韓愈在唐已配饗太學，至宋更從祀孟子，可見後儒之尊崇。

　　惟在於「道」之理解詮釋，韓愈從發用角度看重「人倫事功」，宋儒則以本體層面探究「心性持守」；韓愈從孔孟「居仁由義」的外王路線來實踐道統，宋儒則強調「心性析理」、「天人互通」等內聖功夫。如此路徑之歧異，或與唐宋之時代風格背景因素有關。

目次

緒 論

一、研究動機與目的

近代學術導源於宋，而宋學則導源於唐之韓愈。〔註1〕韓愈既爲宋學濫觴，其思想必然有相當程度的重要性。

近代及當代研究韓愈的學者雖多，但重點多半放在他的文學成就與提倡古文運動的貢獻方面。注意到思想方面問題的並非沒有，但因多屬於純哲學領域的心性問題，很少有人注意其影響爾後甚遠的社會、倫理等觀念；且對於心性問題的評價，學者常站在「後出轉精」的立場簡略帶過，很少將韓愈放在歷史的脈絡裏面給予適度的評價。基於以上兩點現象，於是產生全面研究其思想的動機。

欲將韓愈在中國學術思想史上定位，以期由唐過渡到宋的學術斷層得到連貫，也使兩宋新儒學的蘊釀過程更形清晰，則必須先說明爲何近代學術導源於宋。錢穆（賓四）先生在寫近三百年的學術史之前，曾勾勒兩宋學術的綱要，他說：

> 近世揭櫫漢學之名以與宋學敵，不知宋學，則無以平漢宋之是非。
> 且言漢學淵源者，必溯諸晚期諸遺老：然其時如夏峯、梨洲、二曲、船山、桴亭、亭林、蒿菴、習齋，一世魁儒者碩，靡不寢饋於宋學。繼此而降，如恕谷、望溪、穆堂、謝山，乃至慎修諸人，皆於宋學有甚深契詣。而於時已及乾隆，漢學之名，始稍稍起；而漢學諸家之高下淺深，亦往往視其所得於宋學之高下淺深以爲判。道、咸以

〔註1〕參見錢賓四先生《中國近三百年學術史》第一章引論上、兩宋學術、頁2。

下，則漢、宋兼采之說漸盛，抑且多尊宋貶漢；對乾、嘉爲平反者
故，不識宋學，即無以識近代也。（中國近三百年學術史、第一章引
論上、兩宋學術）

至於宋學的起源，其與韓愈如何產生關連，錢先生也有所解釋：

> 韓氏論學雖疎，然其排釋老而返之儒，昌言師道，確立道統，則皆
> 宋儒之所濫觴也。嘗試論之：唐之學者，治詩賦取進士第得高官，
> 卑者漁獵富貴，上者建樹功名，是謂入世之士。其遁跡山林，棲心
> 玄寂，求神仙，溺虛無，歸依釋老，則爲出世之士。亦有既獲脫仕，
> 得厚祿美名，轉而求禪問道於草澤枯槁之間者；亦有以終南爲捷徑，
> 身在江海而心在魏闕者。要之不越此兩途。獨昌黎韓氏，進不願爲
> 富貴功名，退不願爲神仙虛無，而昌言乎古之道，曰：「爲古之文者，
> 必有志乎古之道。」而樂以師道自尊，此皆宋學精神也。治宋學者
> 首昌黎，則可不昧乎其所入矣。（同上）

在學術發展史上，透過後人對前人的理解，可反映時代思潮的變化；同時，
基於「後出轉精」的效果，思路更加細密深微，往往可將原作者思想中所蘊
釀的部分闡發出來，從而使學術發展的過程更形清晰，同時肯定前代作者的
發軔地位。韓愈的學術地位便是經由宋儒而獲得肯定。﹝註2﹞觀察宋儒對韓愈
的評價，一方面年代相近，資料較爲眞確；一方面由於宋學極盡精微，所討
論的各種宇宙或人生問題，自宋以後的學者幾乎不曾溢出這些範圍。﹝註3﹞因
而極具代表性，有深入研究的價值。

至於一般研究韓愈的專書或論文，其研究方向大致可分爲數類：

（一）評傳——在傳記部分，著重在韓愈的家世、事蹟、交遊的考述，
以及詩文的繫年；尤其對韓愈生平一些引起爭論、甚至釀成誹謗案﹝註4﹞的事

﹝註2﹞如蘇軾〈潮州韓文公廟碑〉以「文起八代之衰，道濟天下之溺，忠犯人主之
怒，而勇奪三軍之帥。」（經進東坡文集略卷五五）譽之。就文、道、忠、勇
四方面來肯定韓愈的學養。

﹝註3﹞就排佛一事而言：明儒程朱學派力鬭禪佛者，以胡敬齋（居仁）和羅整菴（欽
順）爲代表。敬齋的貢獻在注意在儒佛功夫的異同，整菴則深入佛經直指禪佛
之失——以知覺爲性，兩人再度使沈寂二百餘年的新儒鬭佛問題掀起高潮。如
羅氏論禪佛之失，可歸納作三點：（1）儒以寂感言心，佛以寂感爲性。（2）佛
以心生萬法，儒則太極生兩儀。（3）儒者萬物同體，釋氏只以有知同體。據
此而言，雖較宋儒所論既明且詳，但在理論上並未有超出前人之處。（參見陳
郁夫〈明代中葉程朱學者對禪佛的批評〉、師大國文學報第十四期、頁165～188）

﹝註4﹞民國66年，郭壽華以筆名「干城」在《潮州文獻》第二卷第四期內，發表

蹟考證最多。在評議部分，著重在他的文學理論和提倡古文運動方面。自北宋以來，爲韓愈作年譜者不下十家〔註5〕；民國以後，錢基博《韓愈志》與羅師聯添《韓愈研究》，可算是評傳中的代表。晚近（民國 74 年）重刊的《韓昌黎詩繫年集釋》，作者錢仲聯考辨甚詳，並重加新式標點及目錄以利讀者，成爲研究韓詩的重要資料。

　　（二）文學成就——關於韓愈作品的文體、文法、佈局，以及造句修辭、以文爲詩的種種特色，皆有學者作詳盡的分析，清儒林紓《韓柳文研究法》可爲代表。今人的研究，除了單篇文章（如黃雲眉〈韓愈文學的評價〉上下兩篇，楊勇〈朱子論韓愈文之氣勢〉）外，一般多在論文中出現：如李章佑《韓昌黎文體研究》（台大五十七年碩士論文），王士瑞《韓文研究》（政大六十六年碩士論文）等等。有關韓愈的文學成就——也可以說是他在文學史上的貢獻和地位，歷來所論甚夥，其中以陳寅恪〈論韓愈〉及錢賓四〈雜論唐代古文運動〉二文最具影響力，啓發後學甚深。

　　由上述前人的研究成果可以發現，較少有人對韓愈思想作通盤性的研考。〔註6〕本論文試圖自哲學層面，將韓文公的思想予以廣泛的探討，尤其注意他在社會史以及倫理史上的意義。或可使世人對韓文公有更深入的瞭解。

　　　了〈韓文公蘇東坡給與潮州後人的觀感〉一文。說明：「韓愈爲人尚不脫古文人風流才子的怪習氣，妻妾之外，不免消磨於風花雪月，曾在潮州染風流病，以致體力過度消耗，及後誤信方士硫磺鉛下補劑，離潮州不久，果卒於硫磺中毒。」這篇文章，引起了韓愈第三十九代直系血親韓思道的強烈反彈，提起自訴，經臺北地方法院宣判，推事認定郭壽華誹謗已死之人，判處罰金三百銀元。此一判決引起了軒然大波，學者專家紛紛撰文陳述己見，專論此「誹韓案」所引起的各種問題。更有黃正模告發韓思道僞造文書的枝節產生。聯合報把這些文章集合在一起，成爲《誹韓案論叢》一書，以便後人窺此「誹韓」奇案。參與者包含法官（如楊仁壽、薛爾毅）、學者（如錢穆、嚴靈峯）、史家（如羅龍治、何烈）、文學家（如葉慶炳）、小說家（如高陽）等各類身分，蔚爲奇觀。

〔註5〕依《唐代文學論著集目》所錄，爲韓愈作年譜者包括：宋洪興祖《韓子年譜》五卷、樊汝霖《韓文公年譜》一卷、呂大防《韓文類譜》七卷、方崧卿《韓文公年表》一卷、清方成珪《昌黎先生詩文年譜》一卷、盧軒《韓昌黎年譜》一卷、顧嗣立《韓昌黎年譜》一卷、黃鉞《韓昌黎年譜》一卷、賀濤《韓昌黎年譜》一卷、林雲銘《韓文公年譜》一卷，凡十家。

〔註6〕即或有，如王樾《韓愈的道統論及其與儒學蛻變的關係》（六八年台大史研所碩士論文）。內容卻與題目不大相關，所論多屬韓愈生平事蹟及其文學理論。未能針對「儒學蛻變」的啓承關鍵詳作說明，實屬憾事。同時也可見出這方面的研究較爲缺乏。

　　至於哲學史或思想史的作者，又是如何界定韓愈呢？中國思想史中講到兩宋新儒學之前，若有介紹其蘊釀或啓蒙，一定會提到韓愈、李翱——雖然篇幅不多，甚至李翱的分量還會超過韓愈。儘管有的學者認爲韓愈「在哲學思想之進展中，可謂全無實際貢獻。」〔註7〕，也有以韓愈爲「文人之雄」，無甚大的哲學興趣〔註8〕。不過他們之間有個共同點，就是一致推舉韓文公爲宋明儒學的先驅人物〔註9〕，卻都不曾明確解釋其中緣故。至於近來某些學者的研究，側重歷史唯物論的角度〔註10〕，以致有所偏離，難以得知韓愈思想的眞實內涵。至於日本學者的研究，除了從道統的觀點賦予韓愈推動新儒學之功〔註11〕外，

〔註7〕 參見勞思光《中國哲學史》第三卷上、第一章〈唐末思想之趨勢及新儒學之蘊釀〉頁29。

〔註8〕 參見馮友蘭《中國哲學史》第二篇、經學時代、第十章〈道學之初興及道學史「二氏」之成分〉頁802。

〔註9〕 張君勱《新儒家思想史》第四章篇名即定爲「理學的先驅：韓愈」，並認爲歐陽修早在宋代理學開始之前，就已看到韓愈在中國思想史上的地位。（頁86）吳怡《中國哲學發展史》也將韓愈視作新儒學形成之初，儒家覺醒人物的代表（第十九章〈新儒學的形成與宋初的三位先鋒〉頁420）。另外，日本學者所編的《中國思想之研究（一）儒家思想》，同樣把韓愈列爲新儒學的先驅。參見第二章〈儒家思想的歷史概觀、七、新儒學的先驅〉頁42。

〔註10〕 如謂：在〈原道〉中還宣稱人類的物質生活、社會生活和文化生活都是大人物——「聖人」創造的。認爲君主對人民的統治是天經地義，因此從「社會分工」的觀點，論證當時制度的合理性。參見《中國歷代哲學文選——兩漢隋唐編》頁539。

〔註11〕 《近世中國思想史》第二章〈宋代の思想〉頁29，云：先ず宋代文化の特色の一として、宗教の中禪學の弘通は特筆さめべきべあめ。この宗は仏法の玄底甚深微妙、本來無一物、本より煩惱なく、えこれ菩提なりとすめ。印度に發達した禪法は、梁の武帝の大通元年（527）達磨によつて中國に伝えうれ、他宗の森々たみ万法相違の法、義重々論を叩くに異り、不立文字、直指人心、見性成仏せしめ、その師々相承は以心伝心されめ。

又《講座東洋思想Ⅱ、中國思想Ⅰ》第二章《儒家思想の歷史的概觀》頁56，云：新しい儒學への動きは，唐帝國の勢力が衰え出したその後半期に顯著になつた。なかべも、文人の雄、韓愈（768-821）は、原道・原人・原性などの論を著わして、老・仏の説を排して儒家の道に復えみべきことを唱えた。うちに『大學』の説を引いて儒家の道の本義を明かにし、また道統に觸れている。その弟子の李翱（845没）は、さうに進んで、『復性書』を著れして、『中庸』を老・仏の説にまさめ性命の書とし、『易』『大學』と關連させ、かつ仏教の論理を自家學説中のものとして、その意義を解説してめ。これらは、『大學』『中庸』の意義を初めて高く評價した点においてだけでなく、その問題の所在、理論などにおいてすでに宋學の展開すべき方向を示している。だが韓・李の新しい動きは、唐代では結實しなかつた。

還將道統與禪宗傳燈的意義對應來看〔註12〕，可算是東瀛韓學的特色。

二、研究方法與架構

　　本論文的研究步驟大致分成兩階段。首先，以《韓愈資料彙編》（民國73年 4 月初版）所收錄宋人評論的部分爲主要資料來源。彙編對於韓愈的評述範圍，大致可分爲五項：一、生平事蹟（包括對其人格缺陷所作的批評或迴護）。二、詩文創作（大致皆肯定其詩文特徵及在文學史上的貢獻）。三、作品考辨（包括著文年代、主題、微旨、文句更刪脱誤及佚文等）。四、字義疏證（包括典故、版本、名物之考據）。五、思想評議（包括排佛老、道統、師道、文與道、仁愛、性情、天人關係等）。不過，從彙編中仍可發現不足之處，〔註13〕例如它是以批評家爲單位，而不是從討論的主題來分類，使得資料運

　　謂韓愈爲新儒學的先驅。
〔註12〕參太田悌藏著《禪と倫理》第十章〈唐宋儒學の倫理思想と禪〉頁 308-353。
〔註13〕經過對勘，發現《韓愈資料彙編》中仍有許多疏漏之處，茲舉例如下：
　　　一、未收錄者：
　　　　（1）王安石〈奉酬永叔見贈〉（臨川先生文集卷廿二）：欲傳道義心猶在
　　　　　　（一作雖壯），強學（一作學作）文章力已窮。他日若能窺孟子，終
　　　　　　身何敢望韓公。摳衣最出諸生後，倒屣嘗傾廣座中。秖恐虛名因此
　　　　　　得，嘉篇爲貺豈宜蒙。
　　　　（2）程顥《二程子語錄》卷二上：禮一失則爲夷狄，再失則爲禽獸。聖
　　　　　　人初恐人入於禽獸也，故於《春秋》之法極謹嚴（按：元本無故字），
　　　　　　中國而用夷狄禮，則便夷狄之；韓愈言「春秋謹嚴」，深得其旨。韓
　　　　　　愈道他不知又不得，其言曰：「易奇而法，詩正而葩，春秋謹嚴，左
　　　　　　氏浮誇」，其名理皆善。
　　　　（3）釋惠洪〈館中夜讀韓退之詩〉：……存中曰：「退之詩，押韻之文耳。
　　　　　　雖健美富瞻，然終不是詩。」吉甫曰：「詩正當如是」。吾謂詩人亦未
　　　　　　有如退之者。……予嘗熟味退之詩，眞出自然；其用事深密，高出老
　　　　　　杜之上，如〈符讀書城南〉詩：「少長聚嬉戲，不殊同隊魚」，又「腦
　　　　　　脂蓋眼臥壯士，大沼挂壁何由彎」皆自然也。（石門文字禪卷二、四
　　　　　　部叢刊本）
　　　二、文字錯誤者：
　　　　彙編頁 262，陳善〈韓退之詩〉：……其（案：指〈送靈師〉一詩）卒章
　　　　云：「方將斂之道，且欲冠其巔。」於澄觀詩亦云：「我欲收斂加冠巾。」
　　　　此便是勒令還俗也。（捫虱新話卷二）
　　　　其中「方將斂之道，且欲冠其巔」，按諸〈送靈師〉原詩，「巔」字宜作
　　　　「顛」。
　　　三、文字疏漏者：
　　　　彙編頁 262，陳善〈韓退之詩〉：退之送惠師、靈師、文暢、澄觀等詩，

用的靈活性減弱。個人乃試從其中摘取兩個主題——有關排佛與師道方面，歸納各方意見；再以平日所涉獵的宋人資料作補充，成爲探討的依據。

在第二個步驟中，旨在對於韓愈思想在儒學傳統、對時代社會的刺激、以及成爲後來宋學濫觴等層次及其相關問題，作具體的分析。

韓愈最受人重視者，亦即讓他在中唐這一宗教文化兼容並包的時代環境下能夠脫穎而出者，爲排斥佛老。李翱作昌黎祭文，首推其攘二氏之功。孫復也尊其能不雜於異端。爲了對抗佛老勢力，在消極方面是處處予以打擊，積極方面則是維護儒家自孔孟以來源遠流長的道統。關於這兩大論點，無論在其理論基礎上或是韓愈本身的實際行動上，均使中唐社會受到一大刺激，也成爲後代聚訟紛紜的主要課題。而道統在歷史中如何展現，實有賴人師的承傳，「道之所存，師之所存也」〈師說〉。韓愈在中唐倡言師道並抗顏爲師，對於宋學的影響十分深遠；藉著師道運動，才使儒學（包括經史）不致因社會喪亂而斷絕。因此，排佛與師道這兩個和宋學關係最密切的主題，乃成爲本論文中所欲探討的主題。

在排佛方面，首先考察他的理論根據，從社會倫理與民生經濟的觀點來

語皆排斥，獨於靈似若褒惜，而意實微顯，……（捫虱新話卷二）
其中「獨於靈似若褒惜」，按諸說郛本《捫虱新話》，「靈」字下宜有「師」字。
四、標點謬誤者：
（1）彙編頁262，陳善〈韓退之詩〉：退之送惠師、靈師、文暢、澄觀等詩，語皆排斥，獨於靈似若褒惜，而意實微顯，如「圍棋六博醉，花月羅嬋娟」之句，此豈道人所宜爲者？（捫虱新話卷二）
其中「圍棋六博醉，花月羅嬋娟」，按諸〈送靈師〉原詩，宜分別作「圍棋」、「六博」、「醉花月」、「羅嬋娟」。錢仲聯《韓昌黎詩繫年集釋》頁213可爲佐證。
（2）彙編頁115，歐陽修〈唐韓文公與顚師書〉（歲月未詳）：右《韓文公與顚師書》，世所罕傳。……（集古錄跋尾八　歐陽文忠公文集卷一百四十一）
按諸文意，宜作「右韓文公〈與顚師書〉」；而韓集篇目實爲「與大顚師書」，故亦可不標示篇名逕作「右韓文公與顚師書」。
（3）彙編頁516，劉克莊云：……靈尤跌蕩，至於醉花月而羅嬋娟，此豈佳僧乎？韓公方且欲冠其顚，始聞澄觀能詩，欲加冠巾；及觀來謁，見其已老，則又清然惜其無及，所謂善謔而不爲虐者耶！（後村先生全集卷一七三、詩話）
「韓公方且欲冠其顚」底下的逗點宜更易爲句點，因一句到此收束，說明靈師不爲佳僧。以下自「始聞澄觀能詩」云云，另指對澄觀的情形。

立論是否有效？他拈出「性與情不相離」以對抗佛老「滅情見性」之說是否得體？將人性分作三品，在性情善惡的區別中是否合理等等，皆成為宋儒辯詰的題材。其次討論韓愈排佛的實踐問題。即對於韓愈的信仰——一貫排佛或陽儒陰釋——藉著與僧徒交往（人的接觸）和觀佛書、用佛語（理的取擇）與否等層面加以分析，並試為韓愈排佛確立功績。凡此皆是本論文所要探討的重點。

　　在師道方面，唐皮日休上書請將韓文公配饗太學，至宋石徂徠更廣為發揮，以文公追配孟子，韓愈師道之功，於焉確立。為何提倡師道？這在韓愈及宋儒皆有深刻的時代背景。人師的理想條件在唐宋的異同，以及師道從何實踐？也是本文研究的主題。另外，關於「道」是否有統？可傳不可傳？賴師傳與否？聖人之有無？以及承接道統的聖賢究竟為哪些人？三代與漢唐是否對立等問題，韓愈雖未討論，宋儒卻由韓愈所言發展出諸多延伸議題。

　　附帶要說明的是：個人對韓愈的思想，只取排佛與師道二者（至於道統，合併在師道章來論），乃因彼此間有互動關係，並且是對於宋學影響最為深遠者（前述錢賓四先生所言可為佐證）。後人討論最多的關於韓愈文學方面的問題，由於闡述之作已汗牛充棟，故略而不論。至於個人擇取宋代做為研究範圍，主要在於時代較近，且因研究斷代，對於時代思潮比較容易掌握之故。

第一章　宋儒論韓愈排佛之思想

　　佛教自漢末傳入中土後，其發展與興盛遠超過本土的道教；至南北朝時期，已經成為社會上一大勢力。不過，正由於它的興盛，一些危害和缺點也隨之充分暴露出來：例如在經濟方面，日益造成對政府的威脅和民生的蠹害；在政治方面，浮圖的不敬王者往往觸犯了至高無上的君權，也激發了民族自尊，華夷之辨；在倫理方面，浮圖不拜父母、剃髮毀身，違逆儒家傳統的孝道觀念。同時，它的繁苛戒律又使得不少尋求心靈寄託的人望而生畏。基於上述各方面的問題，儒者不斷有人提出抑佛的主張。北魏、北周一連出現兩次滅佛行動；初唐高祖也曾下令淘汰僧尼；後來雖經武則天、中宗、韋后等大力提倡與崇奉，佛教雖進入極盛時代，但同時它的弊端也隨之發展、暴露到達頂點。其中最普遍的現象，是由於造寺不止、度人無數所造成的政府財政經濟危機，大大影響人民的生產和生活，導致國庫枯竭、民怨沸騰。玄宗有鑒於此，乃頒佈種種禁令，淘汰僧尼，不准度人為僧；並極力尊崇已具社會基礎的道教，〔註1〕利用道、佛兩家的對立，作為抑制佛教過度膨脹的有效手段。〔註2〕不過，即使如此，卻終難抵擋當時的社會趨勢。歷肅宗、代宗二

〔註1〕　參見高世瑜〈唐玄宗崇道淺論〉，《歷史研究》第四期1985年，頁16～31。
〔註2〕　唐玄宗一生崇道，於史有名。除了親自注釋《道德經》，並在宮中召集群臣開講之外，又命令天下士庶人家每戶必備《道德經》一部。他派人整理道經，蒐集亡佚，輯成《道藏》；設立崇玄學、崇玄博士，使科舉考試中第一次出現「道舉」。又在兩京及各州縣置道觀、祠宇，親領群臣祭祀；還規定各種崇道禮儀和道教節日等。並依官闕之制，將老子追尊為「先天太皇」，連文宣王孔子也不得不屈尊列侍在其左右。至於莊子、文子、列子、庚桑子四位道教前輩則晉升為四「真人」，其著作也列入「經」而非「子」書。甚至連表疏薄書中一應公文語及道教之詞，亦必須半缺以示尊崇。玄宗為

朝，佛教仍爲廣大的社會階層所崇奉；乃有昌黎韓愈起而排之，造成中唐儒者一大震撼。

韓愈排佛的理由大部分著重在社會倫理，也就是人事實際措施上。由〈原道〉一文即可見其排佛的主要依據，大致可以分爲四類：（一）佛教違背人倫日用；（二）佛教屬夷狄之法，非本土所固有；（三）佛教以死生輪迴、鬼神禍福愚民；（四）佛教妨害國計民生。除此之外，尚有幾項較爲深入的觀點，涉及哲學理路，可自其中見出儒佛之絕大分野，即：（一）性情善惡的問題：韓愈將性情並舉，以駁斥佛家滅情見性（清靜寂滅）之說；（二）博愛仁義的問題：提出博愛爲仁，行宜爲義。行仁義乃屬儒家之道，以與佛家區隔。

上述韓愈的排佛觀點，宋儒大致均能贊同，並作更深層的闡發。以下即自「社會倫理」和「哲學思想」兩方面，分析宋人對韓愈排佛理論的批評。

第一節　社會倫理觀點

一、人倫日用

韓愈〈原道〉認爲佛教滅絕倫理天常，「子焉而不父其父，臣焉而不君其君，民焉而不事其事。」是「棄而君臣、去而父子、禁而相生養之道。」（韓昌黎文集校注本卷一），〈論佛骨表〉也說浮圖「不知君臣之義、父子之情」（韓昌黎文集校注本卷八），故類於夷狄禽獸。在韓愈看來，「人生有常理，男女各有倫。寒衣及飢食，在紡織耕耘。下以保子孫，上以奉君親。」（謝自然詩、韓昌黎詩繫年集釋卷一）人生的常理不過是穿衣吃飯，也就是在人倫日用之間。而浮圖摒棄人情，故有違倫理天常。

對於佛教違背倫理這一點，宋儒皆表贊同，茲以孫復、王令、二程、朱子、眞德秀爲代表。

（1）孫復（992～1057，字明復，人稱泰山先生）

孫復以「佛老盛而韓文公排之」（儒辱、孫明復小集卷三），使天下人不胥而爲夷狄，稱美韓愈排佛之功。並同意韓愈之觀點，以浮圖棄絕人倫爲儒

崇道「每日四更初起，具衣服禮謁尊容」，數十年來孜孜不倦。道教在此期間，因得天子獨厚，幾乎成爲國教。前述資料於《新、舊唐書・玄宗紀》、《資治通鑑》、《冊府元龜、帝王部、尚黃老》，及杜光庭《歷代崇道記》等均有記載。

者大辱，其言曰：

> 且夫君臣、父子、夫婦，人倫之大端也。彼則去君臣之禮、絕父子之親、滅夫婦之義。以之爲國，則亂矣；以之使人，賊作矣。儒者不以仁義禮樂爲心則已，若以爲心，則得不鳴鼓而攻之乎？凡今之人，與人爭罵，小有所不勝，則尚以爲辱，矧彼以夷狄諸子之法亂我聖人之教耶？其爲辱也大哉！（儒辱、孫明復小集卷三）

完全同意韓愈的觀點。

（2）王令（1032～1059，字逢原）

時代稍晚的王令，也認爲浮圖遺人倫是大弊端。他因不滿柳宗元〈贈僧浩初序〉中以浮圖言論與《易》、《論語》不謀而合的觀點，乃仿韓愈之口吻加以答辯：

> 子厚亦不思哉？夫《易》自乾坤以及未濟，皆人道之始終，聖賢君子之出處事業，至於次第配類，莫不倫理，故孔子原聖人之設卦之因而繫辭之，則首曰「天尊地卑，乾坤定矣」、「卑高以陳，貴賤位矣」之類是也。其中則曰「有天地然後有萬物，有萬物然後有男女，有男女然後有夫婦，有夫婦然後有父子，有父子然後有君臣，有君臣然後有上下，有上下然後禮義有所錯焉。夫婦之道不可以不久也，故受之以恆；主器莫若長子，故受之以震。」又其下則曰「漸，女歸待男行也；歸妹，女之終也。」而皆不若浮圖氏棄絕君臣、拂滅父子、斷除夫婦之說。（代韓退之答柳子厚示浩初序書、廣陵先生文集卷十六）

他頻頻引用《易》及《論語》的文句，以證明儒家和浮圖的言論，在倫常關係上絕不吻合。又一再引用《論語》文句駁斥柳宗元比擬的失當，意旨亦同，詳見第三項「佛教以死生輪迴愚民」。

（3）程顥（1032～1085，字伯淳，人稱明道先生）
　　程頤（1033～1107，字正叔，人稱伊川先生）

《河南程氏粹言》爲記載二程爲學論道的語錄。其中對於浮圖的批評，首在毀棄人倫這一點。嘗謂：

> 子曰：道外無物，物外無道。在父子則親，在君臣則敬。有適有莫，於道已爲有閒，又況夫毀髮而棄人倫者乎？（論道篇、卷一）

又謂：

> 子曰：聖人盡道，以其身之所行者教人，是欲天下之人皆至於聖人

之域也。佛氏逃父棄家，毀絕倫類，獨處山林之下，乃以所輕所賤
者施諸人，豈聖人君子之心哉？（人物篇、卷二）

(4) 朱熹（1130～1200，字元晦，又字仲晦，號晦庵，又號晦翁，人稱
考亭先生）

朱子提出佛寺中仍有長老之位，名分未廢這一點為證，駁斥佛家廢人倫
綱常之事皆出於偽。他說：

佛家說要廢君臣父子，他依舊廢不得；且如今一寺依舊有長老之類，
其名分亦甚嚴，如何廢得？但皆是偽。

自朱子以來，著重在道之體用關係的探討。雖強調明體的工夫，從心性上排
佛，但對於天倫日用等人生實理亦未嘗偏廢。如朱門弟子真德秀即認為韓愈
排佛之功，在於明道之大用。

(5) 真德秀（1178～1235，字景元，後改景希，人稱西山先生）

南宋真德秀認為聖人言道（體）必及器（用）。然自浮圖教行，始棄日用
天倫，空談性命。至韓愈乃針對其缺失而力排之，其功在於使道之大用復明。
嘗言：

蓋昔者聖人言道必及器，言器必及道，盡性至命，而非虛也；灑
掃應對，而非末也。自清淨寂滅之教行，乃始以日用為秕糠，天
倫為疣贅。韓子憂之，於是《原道》諸篇相繼而作。其語道德也，
必本於仁義；而其分不離父子、君臣之間，其法不過禮樂、刑政
之際。飲食裘葛，即正理所存；斗斛權衡，亦至教所寓。道之大
用，粲然復明者，韓子之功也。（昌黎濂溪二先生祠記、真文忠公
文集卷廿五）

真西山以聖人之道不外飲食衣著器用，教人明人倫禮法之分際。此二者為儒
家的特色，乃釋教所違棄者，亦是韓愈排佛最著力之處。

二、夷狄之法

韓愈認為佛本夷狄之人，「與中國言語不通、衣服殊製；口不言先王之法
言，身不服先王之法服。」（論佛骨表、韓昌黎文集校注本卷八）而且未受聖
人教化，不知「生養死葬、親親尊尊。」（送浮圖文暢師序、韓昌黎文集校注
本卷四），故類於禽獸。

　　既視浮圖爲夷狄，則必嚴華夷之辨。華夷之辨既嚴，則攘夷必先尊王。這便涉及韓愈的政治思想：由尊王的觀點轉入孰爲正統的問題；即能爲正統者必因其施行王道，因而又進論王霸的問題。凡此皆爲宋儒討論的焦點。

　　韓愈說：

> 當周之衰，管夷吾以其君霸，九合諸侯，一匡天下。戎狄以微，京師以尊；四海之內，無不受其賜。（進士策問十三首之五、韓昌黎文集校注本卷二）

他提出尊王（君）的主張，不但受《春秋》等儒家經典的影響，也有其獨特的歷史背景。此乃因中唐政治混亂，外有潘鎮跋扈、內有宦官專權，君主勢力陸沈，人民也慘遭荼毒。所以韓愈特別表彰「大一統」的觀念，期望藩鎮歸順，國家方能富強。在他的文章中時常指出這一點，例如〈送董邵南序〉（韓昌黎文集校注本卷四）中曾提出望諸君（忠臣）和狗屠（義士）二人爲榜樣，藉此希望董生到河北之後說服其主帥及諸豪傑之士共同爲大唐效命。又如〈故幽州節度判官贈給事中清河張君墓誌銘〉（韓昌黎文集校注本卷七）中極力表彰張徹之忠義志節，以及〈魏博節度觀察使沂國公（田弘正）先廟碑銘〉（韓昌黎文集校注本卷六）中褒揚推崇田弘正的忠節等，〔註3〕在在皆可見出韓愈痛惡藩鎮割據自雄、力主國家統一的思想。

　　關於宦官專權的問題，韓愈主張從君權的加重和君德的修養上著手。在加重君權方面，須嚴辨君臣的分際與對待關係；在修養君德方面，強調臣相輔弼之功及輿論諫諍的重要性。有關韓說的內容，以及宋儒的評論，由於牽涉治道的問題，容後再行討論，茲先敘述宋儒視浮圖爲夷狄的例子。

（1）孫　復

　　孫復首先認爲浮圖去君臣之禮、絕父子之親、滅夫婦之義，是「以夷狄諸子之法亂我聖人之教」（儒辱、孫明復小集卷三），故其爲辱大矣。又認爲若無孟子（闢楊、墨）、揚雄（距申、韓）及韓愈（排佛、老），則天下之人將全部淪入夷狄。（參見儒辱、孫明復小集卷三）佛教乃東土傳入，固可視爲夷狄；但對於楊、墨、申、韓、老等中原學派也視爲夷狄，則可知孫復應用了韓愈「諸侯用夷禮則夷之，進於中國則中國之。」（原道、韓昌黎文集校注本卷一）的標準。

〔註3〕韓愈的〈田弘正家廟碑銘〉頗受後儒注目。歐陽修《集古錄》得此碑，校出其中誤字三處，曰：「銜訓爲嗣」。但董逌表示反對，參見《廣川書跋》卷九。

（2）石介（1005～1045，字守道）

歐陽修（1007～1072，字永叔，號醉翁、六一居士）

孫復又著〈春秋尊王發微〉，意欲藉春秋大義——尊王攘夷來維護王權，攘斥佛老。後來石介師之，闢佛老之說於是大行；歐陽修與石介爲同年進士，相交頗篤，石守道力論佛老之爲夷狄，歐公遂相與協力排之。（參見葉夢得避暑錄話卷上）

（3）王　令

與韓愈相交甚篤的柳宗元，對於韓愈指斥釋氏爲夷狄的說法，感到不滿，他列舉古人實例作爲反證。到了北宋，與二程時代相近的王令，又反駁柳宗元之說，其言曰：

> 子厚亦患愈斥浮圖以夷，反爲之說，曰：「將友盜跖、惡來而賤季札、由余也。」嗚呼！子厚又不思矣哉！昔者孔子作《春秋》，諸侯用夷禮者夷之，若杞侯稱子是也。若愈不得斥浮圖以夷，則孔子亦不得斥杞子以迹而不思其中也。聖如孔子者，其取捨猶不免子厚之過耶？又不知子厚謂季札、由余者皆若浮圖氏之拂君臣父子耶？不然，則否也。（代韓退之答柳子厚示浩初序書、廣陵先生文集卷十六）

王令深感浮圖有悖於君臣之義、父子之親，故視之爲夷狄。此外，史家陳寅恪更認爲「尊王攘夷」乃唐代古文運動（由韓愈所倡導）之中心思想。〔註4〕可知無論在政治或文學方面，皆嘗受佛教刺激；至有宋一朝，夷夏觀念更爲強烈。大致說來，北宋因受唐末以來藩鎮割據之創，故首倡尊王；至徽欽二帝爲金人所擄，南渡以來，國恥日深，故夷夏之辨愈明。

三、死生輪迴

韓愈認爲浮圖妄說因果，蠱惑人心，破壞社會安定和政治穩固。關於他對於佛教以死生、輪迴、鬼神、禍福愚民的指斥，〔註5〕宋人或謂其見解精闢，或謂其僅及皮毛，更有爲其衍論者。茲分別論述如下：

〔註4〕參見〈論韓愈〉、中國文學史論文選集（三）。
〔註5〕〈原鬼〉描述鬼無聲、無形、無氣，又曰：「漠然無形與聲者，鬼之常也。民有忤有犯，有違於民，有爽於物、逆於倫而感於氣，於是乎鬼有形於形、有憑於聲以應之，而下殃禍焉，皆民之爲之也。」（韓昌黎文集校注本卷一）強調鬼神仍在人心。

（1）孫　復

孫復認爲佛老之徒，除了破壞儒家的倫理教化外，更妄言死生報應、禍福輪迴，他說：

> 佛老之徒，橫乎中國，彼以死生、禍福、虛無、報應爲事，千萬其端，給我生民，絕滅仁義以塞天下之耳，屏棄禮樂以塗天下之目。天下之人，愚眾賢寡，懼其死生禍福報應人之若彼也，莫不爭舉而競趨之。觀其相與爲群，紛紛擾擾，周乎天下。於是其教與儒齊趨並駕，峙而爲三。吁！可怪也！（儒辱、孫明復小集卷三）

將佛教興盛的原因，歸諸禍福報應的恐嚇，而民眾竟然趨之若鶩，令他深感詫異；不過這些畢竟與儒家之道不能相符，所以他也同韓愈一樣，力加申斥。

（2）王　令

王令也說到佛教宗旨與《論語》有未合之處，以證其與孔子異道：

> 若《論語》二十篇，大率不過弟子問仁、問政、問爲邦、問患盜之類爾。至於問鬼神與死，則皆曰：「未能事人，焉知死」之類，又非若浮圖氏誇誕牽合以塗瞀天下而云也。（代韓退之答柳子厚示浩初序書、廣陵先生文集卷十六）

在王令看來，浮圖之福不可求，其言未可信，其教更遠遜於堯、舜、孔子。君子養心貴於得正；佛徒不正，故爲妄人。

（3）羅大經（字景綸，盧陵人，號竹谷子）

宋儒中亦有對韓愈排佛的論據產生懷疑者，可引南宋羅大經爲例。羅氏對韓愈攻擊浮圖「貪生畏死」認爲僅能攻其皮毛，無法找到有力的證據來支持。其言曰：

> 老莊何嘗貪生？瞿曇何嘗畏死？貪生畏死之說，僅足以排方士而已。韓文公、歐陽公皆不曾深看佛書，故但能攻其皮毛。（鶴林玉露卷十）

二程子則認爲「佛者之學，本於畏死」（論道篇、河南程氏粹言卷一），終歸爲利。據此可駁羅說。

（4）張載（1020～1077，字子厚）

對於浮圖言死生輪迴之說，張載有深入批判。他以氣化的宇宙觀來排佛，營構一套完整的理論依據，較韓愈更進一層。

　　張載的世界觀強調「氣」，在《正蒙》一書中詳細論述了氣和太虛與萬物的關係。他認為太虛是氣散而未聚的型態，氣無形，但一切有形之物皆隨著氣的聚散而變化，猶言從一種型態到另一種型態的轉化過程；仍是物質不滅。他以此觀點駁斥佛家「萬象為太虛中所見之物」的學說，其言曰：

> 若謂萬象為太虛中所見之物，則物與虛不相資，形自形，性自性，形性天人不相待而有，陷於浮圖以山河大地為見病之説。（正蒙太和篇，張子全書卷二上）

佛家認為只有虛空才是事實，有形的客觀世界全是幻化，所謂的乾坤，根本不存在。因而主張虛靜寂滅，只向無感無形的路上走；卻未體會出太虛之氣終歸聚成萬物，合有無為一體，因此浮圖只有「往而不反」（正蒙太和篇、張子全書卷二上）了。

　　除了駁斥浮圖虛幻無感之說外，張載同時在〈性理拾遺〉篇（張子全書卷十四）中，舉出種種實例來證明鬼神之不可信。從鬼之有形無形，到人死後有知無知，精明者死後是否能為厲鬼等等死生輪迴之事，都加以批評。又云：

> 聖人或容不言，自孔孟而下，荀況、揚雄、王仲淹、韓愈，學而未能及聖人，亦不見略言者。以為有，數子又或偶不言，今世之稍信實，亦未嘗有言親見者。（性理拾遺、張子全書卷十四）

舉孔孟聖人皆不曾言死生輪迴，次一等者如荀子、揚雄、王通、韓愈等能繼承聖人者，也未嘗言及鬼神，從而證其虛妄。再曲折來說，就算聖人因高明而不言鬼神，但此四人之學尚未能及聖人，竟也不稍論及，蓋未嘗有親見者，足證鬼神之事不可信。

　　另有一點值得注意，即輪迴果報的觀念，確能給人心莫大的慰藉；不過就韓愈而言，他雖力尊儒學，但並非如孔子從具體生命中開闢完成內在的人格世界，而是將教化以外的宗教信仰，納入教化系統，以人的善行與福報相提並論。如云：「今夫功德如是、祥祉如是，其善持之也可知已。」（貓相乳、韓昌黎文集校注本卷一）這種透過功德、災祥的方式，可使人文精神容易深入民心，與民間的生活理念相結合。同時，韓愈自身常祈神保佑，並熱衷廟事，自動捐錢修廟，將一己的功名俸祿歸之於神明賜福。由此也可以看出韓愈的天人觀念。〔註6〕

〔註6〕韓愈的天人觀較近於先秦，而同時代的柳宗元與劉禹錫皆對天與人的關係多

（5）**楊萬里**（1127～1206，號誠齋）

南宋大儒楊萬里認為天下之人於佛老，雖有喜好佛理者，但大多數卻是因為畏懼死生報應或是受到福田利益所引誘。嘗曰：

> 畏焉者可以事曉，善而祥、不善而殃，此天下同見之事也，烏有福田利益之妄？旦則夕，生則死，此天下不足怪之事也，烏有死生之怖？韓子則有〈與孟簡氏之書〉與〈弔武侍御氏之書〉。使韓子之言行，則奪以袪何難？（韓子論下、誠齋集卷八六）

看法與韓愈相同。

（6）**胡　寅**

除前述諸儒外，如湖湘學派亦辨明夷夏、排斥佛老。尤其是胡宏（五峯先生）之兄胡寅嘗著《崇正辨》，專闢浮圖報應輪迴之說；針對僧仁贊之所論，按其事而覆判之，隨所言而折難之。除了以孝親的觀點駁斥福報之論外，更深一層看出浮圖煽惑眾人之術（參見《崇正辨》卷一）。胡寅以一介純儒遍觀大乘諸經及傳燈錄，窮究浮圖所論而極有見地。（參見《斐然集》卷二十、悼亡記）因此，他對於宿報輪迴的批評，較諸「非三代兩漢之書不敢觀」（答劉正夫書、韓昌黎文集校注本卷三）的韓愈，不但在基本態度上能夠認同，而且立論更加堅實，說辭亦更為融通而有依據。

四、國計民生

韓愈在佛老兩教盛行之世，眼看道士僧尼不事生產，未嘗納稅服役，感到痛心疾首。他從社會分工原有士農工賈四業說起，認為當今增加了僧道兩種行業，結果除了以神道設教之外，食物器用的消費增多，相對地生產便不夠用，只有使平民因飢寒而起盜心了。〈原道〉云：

> 古之為民者四，今之為民者六。古之教者處其一，今之教者處其三。農之家一，而食粟之家六；工之家一，而用器之家六；賈之家一，而資焉之家六。奈之何民不窮且盜也。（韓昌黎文集校注本卷一）

造成這種現象，皆因僧道逃避賦役，使耕桑日漸失隸，國庫空虛。自然是有礙國計民生。（參見〈送靈師〉、韓昌黎詩繫年集釋卷二）

至於宋儒對於這個觀點，多表認同。不過對於禁佛方法，多有提出修正

加注目，較偏向荀子的天人觀。參見〈天說〉（柳河東集卷十六）與〈天論〉（劉夢得文集卷十二）。

之處。以下試分別論述：

（1）歐陽修

韓愈在〈原道〉篇末，建議處置佛老的辦法可從「人其人、火其書、廬其居」著手。意思是要使僧尼還俗（與一般民以同樣要服勞役、課賦稅）；毀禁佛書（使讀儒家經典）；並且將佛寺道觀改爲民居。歐陽修自幼便慕效韓愈爲古文，但對於排佛所採取的實際措施，卻與韓愈見解不同。其意可徵之於〈本論〉（共三篇，主要指上篇與下篇），謂佛法爲中國大患，其根本原因在於儒家王政闕、禮義廢。他主張從政治社會問題上來轉移民間的信仰，這一點與韓愈的出發點相同，並且解說得更清楚。首先，歐陽公上溯本源，確立他排佛的立場。云：「故救天下之患者，亦必推其患之所自來，而治其受患之處。」而「佛所以爲吾患者，乘其闕廢之時而來，此其受患之本也。補其闕，修其廢，使王政明而禮義充；則雖有佛，無所施於吾民矣。此亦自然之勢也。」接著，稱述三代王政完備，不但重倫常禮義，更發明養生送死之制；使民學而爲之，「故民之生也，不用力乎南畝，則從事於禮樂之際；不在其家，則在乎庠序之間。耳聞目見，無非仁義（一有「禮」字）；樂而趣之，不知其倦；終身不見異物，又奚暇夫外慕哉？故曰：雖有佛，無由而入者，謂有此具也。」（本論上、歐陽修全集卷一、居士集一）

〈本論〉上篇認爲政府要注意社會的經濟（井田制）和教育（禮樂與學校），才是闢佛的基礎。篇中並未直接提到韓愈，只提到偶有不惑於佛者，怒而起曰：「吾將有說以排之」，歐公卻緊接著表明了對於這樣行徑的看法。他認爲佛教爲患中國，不但在時間上久遠流長，在空間上也周徧天下，「豈一人一日之可爲」、「非口舌之可勝」；因而歐公將眼光移到政治教化、社會經濟的問題上，也間接表示了對韓愈激進的作法不予苟同。至於他直接提到韓愈「人其人，火其書，廬其居」的地方，可見諸〈本論〉下篇。（歐陽修全集卷一、居士集一）。

在〈本論〉下篇裏，歐公認爲佛教悖於人倫而人民卻相率歸之，乃因佛教有勸人爲善之說；（藉此也可以證明人性實爲向善，而駁斥荀子性惡之說。）既然人性向善，則「誠使吾民曉然知禮義之爲善，則安知不相率而從哉？」那麼爲何一般民眾不知禮義爲善？而又如何使其明曉？歐公認爲民眾不知禮義的原因，在於佛教瀰漫社會，人皆耳熟能詳，其勢盛、其患深；同時政府不但未能防微於幾先，且無法盡到教化曉諭民眾的責任。以此之故，如何改

善現況，以與浮圖匹敵呢？則莫若「行之以勤」而「浸之以漸」。透過不斷的努力，以漸進的方式疏導民情，以仁義禮智的內容講修堯舜三代之政，如此方能修其本以勝佛，使王道充行天下。自然也不須像韓愈所說的一般，要採取激烈的手段了。

　　歐陽修謂吾儒宜修其本、明禮義、行王道以勝佛，著爲〈本論〉。南宋陳善謂歐公此論一出，而韓愈〈原道〉所謂「人其人、火其書、廬其君」之語幾乎廢絕。可見其影響之深。〔註7〕

　　（2）李覯（1009～1059，字泰伯）

　　李覯的著作中，涉及了許多政治、經濟、社會等實際問題，也提出不少改良的方案。在〈富國策〉第五篇（直講李先生文集卷十六）裏，他從經濟的觀點出發，反對佛教和道教。他提出的建議是把和尙道士都還俗爲農業生產者，以實現其「人無遺力，地無遺利，一手一足無不耕，一步一畝無不稼。」（國用篇第四、直講李先生文集卷六）和「能其爲而後可以食；無事而食，是眾之殃，政之害也。」（國用篇第三、直講李先生文集卷六）的主張。

　　李覯先從釋老與儒家的分野來看，認爲修心化人必從堯舜，不外禮義倫常，應屬儒家之道，而非釋老之道。此因釋老之修心化人不緣禮以進，故不可謂其有益於世。這個觀點猶如韓愈的「彼所謂道，道其所道，非吾所謂道也。」（原道）接著李覯藉孟子闢楊墨之言，來比喻當今釋老之爲患過於楊墨，以證成韓愈之說；並且認同釋老宜驅逐的必要性。不過，他對於韓愈所提出有關僧道還俗的措施，也跟歐陽修一樣，認爲是「言之太暴，毆之亡漸」。他顧慮到僧尼道士飽食安居的積習已久，若驟然勒令還俗，強迫他們戴上平民的帽子，將會構成極大的驚擾，甚且不免於暴亂。對此，李覯提出漸進之術，就是停止發給出家的度牒，並且禁止修建寺觀；藉著僧道與寺觀數量的逐漸減少，來削弱佛道兩教的勢力。如此一來，其「欲毆緇黃而歸之」的目的仍可達成。至於還俗之後，不逃繇役，不奪農時，將使「民有羨餘，國以充實」；「民人樂業，國家富強」，這也就是李覯〈富國策〉的寫作目的。

　　（3）李塗（1148～1180，字季修）

　　李塗對於歐陽修正本清源的闢佛途徑，也與陳善一樣認爲比韓愈高超。其言曰：

〔註7〕參見《捫虱新話卷三、韓退之闢佛老》條。陳善批評韓愈欲與佛老分辨，然
　　　　未嘗涉其流。

> 韓退之非佛，（文津本「非佛」作「闢佛」，下同。）是說吾道有來
> 歷，浮圖無來歷，不過辨邪正而已；歐陽永叔非佛，乃謂修其本以
> 勝之，吾道既勝，浮圖自息，此意高於退之百倍。（文章精義）

「吾道既勝，浮圖自息」是類似〈本論〉引傳曰「物莫能兩大」之意。而李
塗藉「有無來歷」這個觀點來辨儒佛之分野，也點出了韓愈排佛的一大理由。
此牽涉「道統」的問題，容第四章再論。

（4）黃震（1213～1280，字東發，號於越）

黃震認爲歐陽修之繼承韓愈，除了文學方面的師承之外，最主要的還在於
闢佛這一點。不過他對於〈本論〉的評價，倒不似陳善、李塗那麼高。他說：

> 歐陽公所謂「上續昌黎」，斯文之傳者，正以闢佛一事。然〈本論〉
> 不過就昌黎改易新說，而適以消剛爲柔，如閉關息兵，惟敵之縱，
> 而自我修政事者爾。（黃氏日鈔、卷六十一）

黃震以爲〈本論〉將韓愈之剛硬態度一轉而爲柔緩，以自我修政爲本，其效
迂緩，恐有縱敵之慮。

（5）楊萬里

南宋楊萬里更提出一個值得重視的問題。就是佛老異端不難去除，如韓
愈便提供「人其人、火其書、廬其居」（原道、韓昌黎文集校注本卷一）的辦
法，手段固然較激烈，卻也不失爲一條簡速可行之道。但眞正困難的乃是接
下來如何處置安頓這些還俗後的僧尼道士的問題。韓愈雖說「明先王之道以
導之」，使「鰥寡孤獨廢疾者有養也」（原道、韓昌黎文集校注本卷一）。以生
養教化來進行整頓社會的工作，得到了古聖先王的眞意；然而楊誠齋認爲韓
愈只能暢論之而無法施行，這是由於有實際上的困難。他以緝捕盜賊爲例，
說明寬假與否的兩難情況，甚而會到「復爲盜也，又有甚焉」、「所以爲治也，
而反得亂」的地步。值此之故，楊誠齋歸結爲「則是不如不去之安也」（韓文
論下、誠齋集卷八六）。

楊說也可做爲韓愈排佛論點的補充。

大抵而言，韓愈從社會倫常的角度來排佛，所提出的論證，似乎只是關
於中國人生活方面的老生常談；然而，正因這種對佛老玄渺思想方式的徹底
否定，才使得儒者重新回到自己的傳統。宋明兩代新儒學的勃興，這個因素
不可謂不大。（參見張君勱《新儒家思想史》頁 85）

第二節　哲學思想觀點

　　韓愈排佛，主要是在倫理教化、政治經濟等人事實際措施上著手。但人事措施也有其本原，而本原就在人的心性上。在〈原性〉篇裏，韓愈把人性分爲三品，且將「性」「情」並舉，來與佛教「滅情以見性」的人性學說相對立。這項對於「性」與「情」關係的討論，激發宋儒進而思辨「已發未發」、「體與用」、「義理與氣質」等問題。另外韓愈在〈原道〉篇開頭便以「博愛」和「行而宜之」分別解釋了孔孟學說的精義：「仁」、「義」。仁與義乃儒家思想史上最重要的觀念，自先秦以來，儒者咸以成仁取義、實踐倫理爲人生最高目標。韓愈以最簡潔的語句作爲詮釋，固然提供了認識上的方便，卻也造成宋儒不少爭議。其因素恐怕在於宋儒多將前述「體用」、「已發未發」、「義理氣質」等觀念應用到「仁」與「義」的關係上。因此，他們議論的重點，集中於對韓愈「博愛是否能盡仁」的質疑等等。以下試就「性情善惡」、「博愛仁義」二大主題分別討論。先爬梳韓愈的論點，再審察宋人對這些論點所作的評議，以見其論斷得失。

一、性情善惡

　　韓愈之所以提出人性善惡的問題，將性分作三品，主要是期望在政治、教育上產生更良好的效果。因執政者可以依據不同類型的人性，而採取不同的方法手段，或以禮開化，或以刑預防。〔註8〕而且這種對人性的看法，隱合孔子的觀念，孔子既已明言「上智」與「下愚」，隱約之間已指出人可三等，人性的種類自然也可用上、中、下三種層次來劃分。除此以外，韓愈也提出了幾點較不受時人重視的觀念，包括「所以爲性者五：曰仁、曰禮、曰信、曰義、曰智」，也提出情來與性對舉，認爲「所以爲情者」有七：喜、怒、哀、樂、愛、惡、欲，而且性與情的關係是「情之於性視其品」。（以上說法，俱見〈原性〉篇、韓昌黎文集校注本卷一）若仔細尋思這些觀念，可以發現韓愈的說法是有深意的。〈原性〉篇明白指出「今之言性者，雜佛老之言也。」他爲了排佛，因而產生論理性的動機，並且將依據上歸孔子。可惜後人未能在這方面踵事增華，探討其初心，反而對他採取激烈的批判。我們如將韓愈

〔註8〕〈原性〉篇云：「上之性就學而愈明，下之性畏威而寡罪，是故上者可教，而下者可制也。」（韓昌黎文集校注本卷一）

的思想放在歷史的脈絡裏考察，將不難發現韓愈這種嘗試是有意義的。也就是說，若沒有韓愈先前的努力，後儒在心性的分判上，是否能如此順利精微，多少有些可疑。

韓愈論人性，主要見於〈原性〉一文。其內容大致可歸納出下列三項：

（一）性是與生俱來，情則是接觸外物所得到的反應。性與情均可分上中下三品，性所由以構成的內容有仁、禮、信、義、智〔註9〕五種德目；情所由以構成的內容有喜、怒、哀、懼、愛、惡、欲七類。

（二）性之上品為善；下品為惡；中品則可因勢利導而為善或惡。情之上品為七情之動適得其中，無過與不及；中品於七情之中，有的過甚，有的缺乏，不過仍然希求能合於適中；至於下品，則於七情之中，無論過甚的或缺乏的，都任情而行，無所管束。

（三）情性相互關連。上品之性必具上品之情，亦即性善則對於七情之動皆能適中。中品下品亦復由性情相配而成。

（1）**王安石**（1021～1086，字介，諡荊國公）

宋儒對韓愈性說的評論，首先見於王安石的〈性情〉、〈原性〉、〈性說〉諸篇。王安石對人性問題的看法頗有創發，導引出兩宋理學家集中爭辯的一大主題，也就是他提出《中庸》已發未發的問題，引導後來張載「義理之性與氣質之性」的說法。這表示王安石開始重視本體與發用為一體的兩面，「性者情之本，情者性之用，故吾曰：性情一也。」（性情、臨川先生文集卷六七）而不把性與情截然劃開。因此，他對韓愈〈原性〉篇的攻擊頗多，以下試歸納數點：

（一）五常不可以謂之性。反對韓愈以「仁義禮智信」為上品之性的內容。荊公曰：

> 性者，五常之太極也；而五常不可以謂之性。此吾所以異於韓子。（原性，臨川先生文集卷六八）

（二）性無三品。反對韓愈性三品的劃分，荊公認為即令以五常為性，而五常當然屬善；然則性應只有善，而無所謂三品（善、有善有惡、惡）。荊

〔註9〕〈原性〉篇對五德的排列次序為「仁禮信義智」，但宋儒討論時，皆作「仁義禮智信」（如方崧卿《韓集舉正》所引），沿襲至今。據馬其昶注云：「方本以五行相生之序而言，諸本（按指閣本、杭本、蜀本）以四方相對、一位居中而言，理皆可通。」

公云：

> 且韓子以仁、義、禮、智、信五者謂之性，而曰天下之性，惡焉而
> 已矣。五者之謂性，而惡焉者，豈五者之謂哉？（原性、臨川先生
> 文集卷六八）

且韓子之言弗顧矣，曰：「性之品三，而其所以為性五。」夫仁、義、禮、智、
信，孰而可謂不善也？（性說、臨川先生文集卷六八）

（三）上智下愚之不移，乃因習染而非天生。上智乃因習於善，下愚則
習於惡。（性說）「是果性善，而不善者，習也。」（性說）

由此駁韓愈所舉后稷、越椒、叔魚生而為善或生而為惡之說。其言曰：

> 然則堯之朱，舜之均，瞽瞍之舜，鯀之禹，后稷、越椒、叔魚之事，
> 後所引者，皆不可信邪？曰：堯之朱，舜之均，固吾所謂習於惡而
> 已者；瞽瞍之舜，鯀之禹，固吾所謂習於善而已者。后稷之《詩》
> 以異云，而吾之所論者常也。……越椒、叔魚之事，徒聞之左丘明，
> 丘明固不可信也。（性說、臨川先生文集卷六八）

此處王安石所論，指出韓愈選用后稷與越椒、叔魚的例子，可信度有問題，
但他只歸咎於左氏所言未可信，卻未辯明其因。另外，他對於堯舜之子的習
染是善還是惡，抱持與韓愈相反的看法。荊公認為丹朱、商均皆是由於習於
惡，才無法繼承其父的家風。但在韓愈看來，丹朱、商均與管、蔡皆「習非
不善也」，也就是他們所見所習有堯、舜、文王的好榜樣，所以他們的「習」
（學習環境，見習對象）可說是善的，至於舜和禹，情況恰好相反，瞽瞍和
鯀並不是好的榜樣，所以說「習非不惡也」。韓愈藉著「習善而卒為惡」與「習
惡而卒為善」這樣的矛盾，來證明人的性不會善惡相混，也就是不贊同揚雄
的性說。〔註10〕

進一步觀察，韓王二家對「習」的認識不同。在韓愈，「習」為名詞，所
習的對象是堯、舜、瞽瞍，鯀，都是先天的父輩；在王安石，「習」為動詞，
所習的對象恰是父輩之外的人，也就是超越其父的限制（善或惡），任其習染，
所以最終的善惡受到後天習染的影響，無關於父子遺傳。

王安石首先標舉了對於韓愈性說的評論，這些論點引起後來宋儒極多的
議論，以下試為分類：

〔註10〕王充提到揚雄言性，認為善惡相混。

（一）性無三品，性為一、性善

關於王安石所批評韓愈的第二條，也就是既然五常乃所以為性者，則性品宜為一──善，而不必分作三品。這個觀點在稍後也有人提出。

（1）吳子良（1197～？，字明輔、號荊溪）

　　員興宗（生卒年不詳，字顯達、號九華）

吳子良曰：

> 退之既以仁義禮智信言性，則不當立三品之論。今別為三品，而以品之下者為惡，則是仁義禮智信，亦可謂之惡歟？其言之自相牴牾如此。（退之原性、荊溪林下偶談卷一）

員興宗曰：

> 韓退之曰：「性之品有三。」吾謂性之本一也。復則正，蕩則流，未嘗有堯桀之分也。其品何從而三乎？（論語解、九華集卷二十二）

又曰：

> 夫善本于性而性非善，猶水本天一而天一非水也。豈可直以善名哉？揚雄言其混，則性似不純；韓愈言其品，則性似不一。此不待攻而破矣。（諸子言性論、九華集卷十八）

吳、員二氏皆認為性是善的。員氏更提出性本為一，認為韓愈說三品，似乎不把性看作一物，但是他下了案語：「復則正，蕩則流」，暗示後天的凝聚收歸或放任流蕩足以構成堯、桀的迥異行徑。員氏對於孔子有上、中、下三等人的分別是因「才高下之辨，以見其人之可否」（論語解、九華集卷二十二）

（2）程　頤

「性是唯一的善」這個觀點不僅吳、員二氏持有，程頤也深表贊同，他依據《中庸》已發未發來判定「性」是無往不善的，並加以簡要說明：「性即理也。所謂理性是也。天下之理，原其所自，未有不善。」（二程語錄卷十四）又曰：「善之地便是性」（二程語錄卷十二）如何知道人性皆善？乃是從仁義禮智四端之情見出。他說：「欲為善，便是情」，又說：「情者性之動也，要歸之正而已，亦何得以不善名之？」（河南程氏粹言卷二）。即是此理。

（二）上智下愚是習氣所染

人的本性既是唯一的善，而才質各有高下之別，受到後天環境習染的影響，因此底下須釐清有關「才」、「氣」、「情」等觀念，方可助於對孔子「上

智下愚」的了解。

（1）程　頤

程朱對此極爲注意。在程頤看來，首先他認爲韓愈對「性」的說法實是說著「才」（二程語錄卷十二）。「才」方有善與不善，上智下愚即是才，至於「性」則無不善。性是天下理之「所自」，「所自」即是說源頭，在源頭上自是善，從源頭以下，各人的氣稟才質不一，加上後天環境的習染，便成萬殊。然則程頤如何來解釋氣性與才質？

他先闡釋孟子的話「乃若其情，則可以爲善矣，乃所謂善也。若夫爲不善，非才之罪也。」認爲「則是以情觀之，而才未嘗不善，觀此數處，切疑才是一個爲善之資。」（二程語錄卷十二）才的本義是材植、材料，引申爲人的資質氣稟，故曰「氣清則才善，氣濁則才惡」。氣稟至清者爲聖人，至濁則爲惡人；然而若循順人的本性而修養，則「雖至惡，可勝而爲善」。因此程頤對於孔子「上智與下愚，不移」所持的看法是「亦無不移之理。所以不移只有二：自暴自棄是也。」（以上所引皆本二程語錄卷十四），若「能養其氣以復其正，則才亦無不善矣。」（河南程氏粹言卷二）自無所謂「不移」之理。

（2）朱　熹

至於朱子，他的見解與程頤頗相近，且說得較詳盡。嘗謂：

> 荀子曰「性惡」，揚子曰「善惡混」，韓子曰「性有三品」，皆非知性者也。犧生犁胎，龍寄蛇腹，豈常也哉？性一也。人與鳥獸草木，所受之初皆均，而人爲最靈爾。由氣習之異，故有善惡之分。上古聖人，固有稟天地剛健純粹之性，生而神靈者。後世之人，或善或惡，或聖或狂，各隨氣習而成。其所由來也遠矣。堯舜之聖，性也；朱均之惡，豈性也哉？夫子不云乎：「唯上智與下愚不移。」非謂不可移也，氣習漸染之久，而欲移下愚而爲上智，未見其遽能也，詎可以此便謂人之性有不善乎？（讀余隱之尊孟辨、朱文公文集卷七三）

朱子肯定人性爲一，是善的，由於氣息漸染而有善惡之分；習於善者爲上智，習於惡者爲下愚。

在朱熹之前的余允文，也先肯定人之性稟於天，故未嘗有不善。（引易繫辭「繼善成性」、中庸「天命之謂性」、以及禮記樂記所言「人生而靜，天之性也」爲證）唯因氣息之異，乃有善惡智愚之分；故堯舜之聖，性也；朱均

之惡，非性之故，習於惡也。（尊孟辨卷上）

朱、余二人的觀點，同於王安石批評韓愈的第三條——上智下愚之不移乃因習染而非天生；朱均、舜禹本性原爲善，朱均習於惡，舜禹習於善，故有天壤之別。

（三）論性不論氣、離性以爲情

上述第一項提出性善的問題，第二項提出習染的問題，本項則欲研究未發之性與已發之情的關係。

（1）蘇軾（1037～1101，字子瞻，自號東坡居士）

宋儒對韓愈「所以爲情者五，曰喜怒哀懼愛惡欲。」〔註11〕（原性）以喜怒哀樂爲情，有相反的看法。例如蘇軾就認爲韓愈「離性以爲情，而合才以爲性。是故其論終莫能通。」（揚雄論、經進東坡文集事略卷八）又曰：

> 儒者之患，患在於論性，以爲喜、怒、哀、樂，皆出於情，而非性之所有。夫有喜有怒而後有仁義，有哀有樂而後有禮樂。以爲仁、義、禮、樂皆出於情而非性，則是相率而叛聖人之教也。老子曰：「能嬰兒乎？」喜、怒、哀、樂苟不出乎性而出乎情，則是相率而爲老子之嬰兒也。儒者或曰老易。夫易，豈老子之徒歟？而儒者至有以老子說易，則是離性以爲情者，其弊固至此也。（韓愈論、經進東坡文集事略卷八）

在蘇軾看來，（1）聖人之教是由喜怒哀樂而生仁義禮樂；由仁義禮樂之出乎性，推回喜怒哀樂乃性中所有。並認爲（2）若喜怒哀樂出乎情，則易流於老子嬰兒之說。此因老子崇尚反璞歸眞，教人必須喪仁義、滅禮樂，方能入於嬰兒之境；而仁義禮樂之棄絕，便是從喜怒哀樂入手。

喜怒哀樂若出於情，則情可生可滅，要做到棄絕仁義禮樂極爲容易，如此便流入老子之學。喜怒哀樂若出自性，則無可禁絕，仁義禮樂自然生出，

〔註11〕黃震曰：孟子沒而邪說熾，性理之不蕩於空虛者幾希。公始出，而指喜、怒、哀、樂、愛、惡、欲七者以爲情，指仁、義、禮、智、信五者以爲性。又獨於五者之要指仁與義二者，謂由是而之焉則爲道。且謂舍是而言道者，非吾之所謂道。孔、孟而後所以辨析義理者，文公一人而已。夫惟綱常，非徒禮樂刑政之可扶也，我朝是以復極其根於性命之源。性非徒三品之可盡也，我朝是以復析其微於本然之性、氣質之性之別。功有相因，理曰以明，譬之事業，文公則撥亂世而反之正者也。我朝諸儒則於反正之後，究極治安，制禮作樂，濟世太平者也。（黃氏日鈔卷五九）

不淪爲老子之徒。蘇軾此處是從性善而情可爲善爲不善的觀點出發，性不可滅而情可滅，由此將喜怒哀樂援入性，意思即是在不菲薄喜怒哀樂，而此四者是人性分中所自有。

（2）陳善（生卒不詳，字敬甫，號秋塘）

又如陳善也有相近的觀點，他說：

> 韓退之謂荀、揚爲未純。以予觀之，愈亦恐未純。蓋有流入異端而不自知者。愈之〈原性〉，以爲喜怒哀樂皆出乎情而非性，則流入於佛老矣。（韓退之謂荀揚未純，捫虱新話卷一）

陳善也認爲若將喜怒哀樂納入「情」的範疇，會有流入佛老之弊。他的出發點亦在於情是有可能爲惡的，所以佛老須滅情，方能見性；爲了避免流於佛老，喜怒哀樂宜出乎性。以上二人皆以喜怒哀樂出乎性，而韓愈視之爲情，則是性與情相離也。

韓愈作〈原性〉篇的本意，即欲藉著「性」「情」並舉來排斥佛家「滅情見性」之說，結果竟有人說他流於佛老，這是一個值得玩味的問題。根據個人的觀察，〈原性〉中所謂的「性之品有三，而所以爲性者五；情之品有三，而所以爲情者七。」是爲了界定「性」與「情」的等第與內涵，才將性情區別開來，所以爲性者是仁禮義智信，所以爲情者是喜怒哀懼愛惡欲。韓愈就價值層面（人生最高的理想原則）與現實層面（存於心而發於外的生命現象）來說性情。將性與情最大的區別劃出之後，接著說明它們的關係：「性之於情視其品。……情之於性視其品。」（原性、韓昌黎文集校注本卷一）不過，韓愈通篇的重點仍在「性」上，而不是性與情的分合關係。

到了宋代，自從王安石提出「已發」「未發」的問題後，宋儒把「性」「情」視作一體的兩面：性爲體、情爲用，彼此關係更密切。因此韓愈在宋儒的眼裏，不免裂性與情爲二物：一爲仁義禮智，一爲喜怒哀樂。宋儒認爲仁義禮智即是性的本體，蘊藏於內；喜怒哀樂則是性的發用，呈顯於外，二者不宜分離。

韓愈的見解，在宋儒看來不免粗疏；不過，若在不同的標準底下批評，顯得有欠公允。宋儒與韓愈對性與情的認識及偏重皆不同，韓愈僅羅列一般的現象，宋儒則從較精密的理論中找出韓愈粗略之處，這固然是學術「後出轉精」的自然趨勢，也是可喜的現象；但類似以「喜怒哀樂出乎情」即判其流於佛老，恐有過度引申之虞。

（四）仁義禮智為性之本體，仁統其三。

（1）朱　熹

關於宋儒認為仁義禮智是性之本體方面，朱子有云：

> 韓文公云「人之所以為性者五」。其說最為得之。（玉山講義、朱文
> 公文集卷七三）

> 熹嘗愛韓子說「所以為性者五」，……在諸子中最為近理。蓋如吾儒
> 之言，則性之本體，便只是仁、義、禮、智之實。（答林德久，朱文
> 公文集卷六一）

朱子稱美韓愈標舉的所以為性者——五常。不過他只提仁義禮智而不及信，
其理由見於〈玉山講義〉：

> 五者之中，所謂信者，是個真實無妄底道理；如仁、義、禮、智，
> 皆真實而無妄者也。故信字更不須說，只仁、義、禮、智四字，於
> 中各有分別，不可不辨。（朱文公文集卷七三）

至於如何辨別仁義禮智的各個不同及其發用呢？朱子又云：

> 蓋仁則是個溫和慈愛底道理；義則是個斷制裁割底道理；禮則是個
> 恭敬撙節底道理；智則是個分別是非底道理。凡此四者，具於人心，
> 乃是性之本體。方其未發，漠然無形象之可見；及其發而為用，則
> 仁者為惻隱；義者為羞惡；禮者為恭敬；智者為是非。隨事發現，
> 各有苗脉，不相殽亂，所謂情也。（同上）

朱子更標出四者之中，仁即可含蓋。他說：

> 然後就此四者之中，又自見得仁義兩字是個大界限。如天地造化，
> 四序流行，而其實不過於一陰一陽而已。於此見得分明，然後就此
> 又自見得仁字是箇生底意思，通貫周流於四者之中。仁固仁之本體
> 也；義則仁之斷制也；禮則仁之節文也；智則仁之分別也。……偏
> 言則一事，專言則包四者，……故但言仁，而仁、義、禮、智皆在
> 其中。（同上）

這也就是韓愈「主於一而行於四」（原性）之大旨。有關仁的解釋，韓愈以博
愛為仁，朱子以生生為仁，程顥更有識仁篇的闡發，因此對於「仁」的討論
自孔子表彰之，由韓愈重申後，宋儒各說紛紜，留待後文討論。至於仁義相
為體用，本體與工夫，這也留待後章言道的內涵時詳加說明。

黃震也說：「其所以爲性者五：仁、義、禮、智、信，最爲端的。」（黃氏日鈔卷五九）可見韓愈標舉五常爲所以爲性者，宋儒皆讚其高明。

以上是宋儒評論韓愈有關性情善惡的問題，大致可歸納爲幾點：（一）性無三品，性爲一、性善。這個論據從《中庸》而來。（二）上智下愚不移，乃因習氣漸染。（三）論性不論氣，離性以言情。（四）仁義禮智爲性之大體，以仁統其三。由此看來，除了第四點受到闡揚之外，韓愈對於人性的看法，招來後人甚多的批評。

然而，我們如仔細考察，可以發現這些批評，並不能說韓愈的觀點即是錯的，最多可能說他的理論不夠完美，而且後儒（尤其是理學家）所以會批評韓愈的人性觀，主要是他們對人性的看法，已經可以從完全不同的角度來考察，和以前大部份討論人性問題的思想家，已非站在同一的層次。在後儒對韓愈人性觀的批評中，朱子的影響力可能最大，而且理論也最爲完備，所以暫列出他的看法，以資參較申論：

> 論三品亦是，但以某觀人之性，豈獨三品？須有百千萬品。退之所論，卻少了一「氣」字。程子曰：論性不論氣不備，論氣不論性不明。此皆前所未發。如夫子言性相近，若無習相遠一句，便說不行。……（朱子語類卷一三七）

朱子一方面說「論三品亦是」，另一方面又說「豈獨三品？須有百千萬品」，兩者之間，看似矛盾，然而卻不相礙。因爲朱子這裏所說，是從「氣」的觀點來看，也就是說：朱子認爲韓愈所說的「性」是「氣質之性」。既是「氣質之性」，則每個人秉氣有別，陰陽清濁，千殊萬異；要分品類的話，嚴格說來，自是要有百千萬品才可以。然而如此便不成分類，因此，如籠統分類的話，將人性分成上、中、下三等，自然也可以講得通。而韓愈認爲自己所提的三品說，符合聖人之言，其實也沒有錯。因爲孔子所說的「上智」與「下愚」，按照程朱的理解，說的也正是氣質之性（見集注第十七章及語類卷四七）黃震因此斬釘截鐵的說道：「性有三品之說，正從孔子『上智下愚不移』中來，於理無毫髮之背。至伊洛添氣質說，又較精微。」（黃氏日鈔卷五九）

然而，宋明理學家既然已經發現了另外一層的人性，也就是與「氣質之性」對照的「義理之性」，此種性是遍古今，亙六合皆有的，而且它統一無雜，因此自然不可再從其間分類。朱子在〈玉山講義〉裏就批評韓愈三品之說，實爲不然，因爲「古今聖愚同此一性，天下不容有二道。」（朱文公文集卷七

三）。朱子這種批評，實在是因爲已發現了人性中，有可以參預天地化育，統
一永恆的一面，這是人人共有的。所以對於已往的人性論不再感到滿意，對
於韓愈如此，對於荀子、董仲舒、王通等人，也認爲他們未能見道（參見語
類卷一三七）。

　　韓愈性分三品的觀念，後來雖爲理學家所吸收消化，且加以批判。然而
此種觀念，如果放在歷史上考察，仍然有它獨特的意義。因中唐時期，佛教
大興，性命之說，蔚爲顯學；而其時的儒者，對於此一領域的問題，殊不在
意。韓門弟子李翶曾針對這個現象批評道：

> 性命之書雖存，學者莫能明，是故皆入莊列老釋。可知者，謂夫子
> 之徒不足以窮性命之道也。（復性書上、李文公集卷二）

李翶這種動機，其實也就是韓愈何以探討人性問題的主要原因（佐藤一郎，中
國思想史，第二部，第三節）。〔註12〕在〈原性〉一文最後，韓愈批評當時談心
性的人都受到佛老的影響，此種批評公平與否，且存而不論。但由此可知，韓
愈討論此種問題時，心中是有佛老思想的影子。在儒門黯淡，舉世滔滔盡求佛
老心性說之際，韓愈卻能力反潮流，這一點在歷史上是有特殊意義的。

　　韓愈在心性之學上的造詣，後人一般都認爲不足以動搖佛老之本，因爲
還不能入室操戈（勞思光，中國哲學史，第三卷上冊，頁 27～29）。儘管如
此，韓愈的說法，仍有可取之處，不能一筆抹殺。如他所說：「所以爲性者
五：曰仁、曰禮、曰信、曰義、曰智」一段，朱子即深爲讚賞，認爲能識大
體，「語甚實」（朱文公文集卷一三七）。而韓愈主張「其所以爲性者五」的
原因，主要是只有「仁與義爲定名」（原道），這種道德名詞所涵的實質，才
足以作爲儒家立足之道。談「道」談「德」還不能盡之，更別說「空」說「無」
了。其次，韓愈所以主張其「所以爲情者七」，且「情之於性視其品」，雖語
略不詳，但其動機卻不難追究，馬其昶對此下一按語：「老佛皆欲滅情以見
性，公首論性情，即交互發明，見二者之不可離。」（韓昌黎文集校注本卷
一）此語甚是，韓愈借談心性的理論，以對抗佛老在此方面的張皇，由此可
見一斑。

〔註12〕李翶〈復性書〉雖亦曾論及性與情的關係，但宋儒批評他陷於釋氏之說，如
　　　朱子云：李翶〈復性〉則是云「滅情以復性」，則非情如何可滅？此乃釋氏之
　　　說，陷於其中不自知。不知當時曾把與韓退之看否？（孟子九、朱子語類卷
　　　五九）此點或可做爲李翶學佛的旁證。

二、博愛仁義

　　韓愈在佛教盛行之世，力圖興復儒學。因此嘗試爲龐雜的儒家社會政治倫理學說，作一簡要的歸納，使之條理化、通俗化，以期易爲人們理解和接受。在《原道》篇裏，開宗明義就試著爲儒家幾個重要觀念作一釐清，他以最簡短的文句表達出來：「博愛之謂仁，行而宜之之謂義，由是而之焉之謂道，足乎已無待於外之謂德。」（原道、韓昌黎文集校注本卷一）文中於仁義道德的解釋，引起宋儒許多爭議：例如說韓愈以博愛爲仁是倒體爲用（程頤）；以「行而宜之」說義和「由是而之焉」說道，仍是從用的觀點出發（朱子）；以「足乎己，無待於外」說德，是行道有得於身者，非自然得之於天者（朱子）。大概說來，宋儒窮究本體，而韓愈特重人事。窮究本體，必然上論天道；特重人事，則講求人倫日用。這是他們對「道」的理解在根本上的不同，也是基本立場的不同。

　　韓愈首先以「博愛之謂仁」，爲孔子學說的菁華——「仁」，作一詮釋。而這個詮釋竟被後來部分學者批評爲近於釋老，由此便產生一個矛盾。因爲韓愈正是以「仁義」作爲他排佛老的利器。然則吾人將就「愛」與「仁」的關係來討論。「博愛」兩字就能統括「仁」的含意嗎？博愛與墨子兼愛及與佛家不殺生、愛人愛物的分別何在？都是我們討論的內容。以下試分別闡述之。

（一）博愛與墨子兼愛有別

　　韓愈在倫理道德觀上，將「博愛」與儒家「親親」結合起來。根據孟子「親親而仁民，仁民而愛物」的說法，提出「聖人一視而同仁，篤近而舉遠。」（原人、韓昌黎文集校注本卷一）的觀點。先謂「博愛」爲仁，接著又言「行而宜之」爲義，以行而合宜來釐定「仁」的範圍，避免流入墨氏的兼愛無別或佛家的慈悲爲仁。

　　不過，在〈讀墨〉篇（韓昌黎文集校注本卷一）中，韓愈認爲「孔子泛愛親仁，以博施濟眾爲聖。」與墨子「兼愛」有相通處。這一點普遍引起學者的注目。以下試爲說明：

（1）蘇　軾

　　蘇軾針對韓愈所引用孔子的話而作了不同的解釋。他認爲孔子雖言「泛愛」，卻接著說「親仁」，故以「仁者之爲親，則是孔子不兼愛也」（韓愈論、經進東坡文集事略卷八），批評韓愈儒墨同道之說。程伊川也認爲韓愈言「孔

子尚同兼愛，與墨子同」，甚爲不可。又說：

> 大凡儒者學道，差之毫釐，繆以千里。楊朱本是學義，墨子本是學
> 仁；但所學者稍偏，故其流遂至於無父無君。孟子欲正其本，故推
> 至此。退之樂取人善之心，可謂忠恕；然持教不知謹嚴，故失之。（二
> 程語錄卷十一）

韓愈〈讀墨〉立意甚好，但言論未謹嚴，故易受譏評。[註13]

　　但是，若仔細檢索韓文，當更能理解韓愈對於仁的內容的體認。〈原人〉篇又稱〈原仁〉，可見是探討「仁」的專門文章，韓愈於此篇提出天、地、人三才，認爲這三才所包含的範圍極廣，卻分別成其宗主：如天是日月星辰之主，地爲草木山川之主，而人則是夷狄禽獸之主。透過天與地的烘托，以凸顯出立於天地之間的「人」。重點在強調人之所以爲人的道理。在韓愈看來，做人的極致便是成聖；而聖人負有生養教化、成己成物的使命，不但使夷狄歸化，並使禽獸萬物各得其所。在態度上應是「一視而同仁」；在做法上則有親疏遠近之別，所以要「篤近而舉遠」，推己及人然後及物。這也是〈送浮圖文暢師序〉中所謂的「親親而尊尊」（韓昌黎文集校注本卷四）。

　　至於聖人教化的內容，則是「道莫大乎仁義，教莫正乎禮樂刑政」，透過禮樂的薰陶與刑政的警惕，使人達於仁義之道。如此，「施之於天下，萬物得其宜；措之於其躬，體安而氣平。」（送浮圖文暢師序、韓昌黎文集校注本卷四）不論在修己或治人、內聖或外王方面，皆無往而不利。

　　就「一視而同仁」言，蘇軾批評這是韓愈近墨子處。認爲儒家聖人之所以異乎墨者，在其有倫常親疏之別而墨氏無差等之別。其言曰：

> 今愈之言曰：「一視而同仁」。則是以待人之道待相戾，夷狄，待
> 夷狄之道待禽獸也，而可乎？……儒墨之不齊若胡越。而於疑似
> 之間，相去不能以髮，宜乎愈之以爲一也。（韓愈論、經進東坡文
> 集事略卷八）

東坡提出待人、待夷狄、待禽獸三者各有不同的層次，不可一視同仁。不過他似乎忽略了韓愈〈原人〉篇前半所說明的部分與全體的關係。韓愈嘗謂「夷狄禽獸皆人也」，「然則吾謂禽獸人，可乎？曰：非也。」（原人、韓昌黎文集

[註13] 自王荊公開始，於楊墨則寧取楊而捨墨，謂學者之事，必先爲己，行有餘力，然後方可爲人（楊墨篇、臨川先生文集），故楊子近於儒，相形之下，墨子則遠於道。（同上）。由此一來，自然對於韓愈稱美墨子，以爲與儒家近，這一觀點深表反對。

校注本卷一）此處正說明了禽獸與人不能等同，此其一。另外，在「一視而同仁」之下，尚有「篤近而舉遠」，界定了由近及遠的施行原則，此其二。東坡似未能注意此兩點，以致對韓愈大加撻伐，恐有未當。

（2）王　令

就「篤近而舉遠」言，王令贊成韓愈的說法，認為「以堯、舜之知，而不遍愛物者，急先務也；以堯、舜之仁，而不遍愛人者，急親賢也。」（代韓退之答柳子厚示浩初序書、廣陵先生文集卷十六）急親賢與先務，故愛有等差。此韓愈「博愛」與墨子「兼愛」之迥異處。

（3）楊萬里
魏了翁（1178～1237，字華父，學者稱鶴山先生）

楊萬里亦引孔子與樊遲、子貢的問「仁」及「博施」，證明愛不違仁及博不違愛（誠齋集卷九一）之理；唯其愛不違仁，故可以愛來釋仁；唯其博不違愛，故博而無私。「博無私，兼無別」（誠齋集卷九一），此乃博愛與兼愛之分野。魏了翁也從韓愈用「義」字補充「仁」字這一點來發揮，指出博愛並非愛無等差。嘗云：「第一句說『博愛謂仁』，似未盡；次言『行而宜之』，即是行而合宜，則博愛中非愛無差等矣。」（鶴山先生大全集卷一百九附一百十）可做為韓墨之辨的最好註腳。

（4）張　載

張載〈西銘〉「民胞物與」之說，深得韓愈「一視同仁，篤近舉遠」之旨，推己及物。「民，吾同胞」乃成己成人之道，「物，吾與也」則是成物之道。此牽涉唐宋思想的一大差異：韓愈繼承孔孟論性之旨，專言人性，全屬人事；至於《易》《中庸》始言道必極乎「天地位、萬物育」，視萬物為一體，所重在天道，兼及物性。天道中自可包含人道，故能成己成物。〔註14〕

張載所謂的民胞物與，實與韓愈一般上同於孟子「親親而仁民，仁民而愛物」之理。其大意為：人與物並生天地之間，同以天地為大父母（「乾稱父，坤稱母」）。以天地之塞（氣）為吾之體（形體），以天地之帥（志、理、道）為吾之性。但體有正偏，性有明暗；在人得到天地形氣之正，而能通乎性命

〔註14〕儒家依《易》經而立論，如「大哉乾元，萬物資始。」（乾卦）「至哉坤元，萬物資生。」（坤卦）「乾道變化，各正性命。」（乾卦）儒家的關懷不限於有生命之範圍，由親親而仁民而愛物，並無絲毫鄙薄外物之心，張載〈西銘〉之博愛即此。故儒家可說是以萬物為同體，而佛家只能說眾生同體。

之全體，是以天地之間，人為最貴，而我視天下之民，猶如我自己的兄弟手足，所以說「民，吾同胞」。在物則得天地形氣之偏，而不能通乎性命之全體，故不若人之尊貴；然推其體性之所自，亦是本諸天地而未嘗不同；故我視天下之物，亦猶如我之友朋黨與，所以說「物，吾與也」。（以上解釋皆本〈西銘〉章朱子注）

（5）程　頤

有關〈西銘〉的理論結構，程伊川以「理一分殊」稱之，其言曰：

> 〈西銘〉之為出，推理以存義，擴前聖所未發，與孟子性善養氣之論同功。豈墨氏之比哉？〈西銘〉明理一而分殊，墨氏則二本而無分。（原注：老幼及人，理一也。愛無差等，本二也。）分殊之蔽，私勝而失仁；無分之罪，兼愛而無義。分立而推理一，以止私勝之流，仁之方也；無別而述兼愛，至於無父之極，義之賊也。（二程遺書，伊川文集卷五）

此可從兩方面來看：自理而言，萬物同一本源；自實踐之事而言，則大小之分、親疏之別，實不能不有等差之殊。以仁與義而言，仁心之感通無有極限，仁愛之理周遍而無遺，這也就是韓愈所謂的「博愛之謂仁」；至於義則在吾心之應事接物上實現，事物有殊異分別，則吾心之應事接物自須隨事物之殊異，而亦分別地求其合宜，故義之施行則有差等之序，這也就是韓愈所謂的「行而宜之之謂義」。因此仁為理一，義為分殊。由理一推至分殊，則知親疏之別與本末先後之序，以成就其仁義之事，而不流於墨氏兼愛之弊；由分殊推至理一，則知萬物同出一源，以彰著其一體之仁，而不流於楊氏為我之私。

程伊川提出「理一分殊」為門人楊龜山解惑（答門人楊時論西銘書，二程遺書，伊川文集卷五），以明〈西銘〉雖言博愛，卻絕不類於墨子兼愛。同理，韓愈雖於〈原道〉篇開宗明義以「博愛」言仁，卻於〈原人〉（或作仁）篇中作兩層解說——「一視同仁」與「篤近舉遠」，把夷狄禽獸與人區別開來，以示不同於墨子。這是他與橫渠相同處，不過在評價上，二程對〈西銘〉甚為推崇，明道曰：「孟子以來，未有人及此。」（二程遺書第二上）伊川曰：「若〈西銘〉，則是〈原道〉之宗祖也。」（二程語錄卷二）尊張而卑韓的關鍵，依據個人的觀察，主要在於二程將「博愛之謂仁」與墨子「兼愛」等同起來，忽略了「行而宜之之謂義」這一「分殊」的含義；並且即使在〈原人〉篇末「篤近而舉遠」已清楚地將「分殊」之義表達出來，但是韓所作的部分與全

體（山之一草與山）、主宰與被主宰（人與夷狄禽獸）等分殊的層次，遠不及張所作的明與暗（性與體、塞氣與率志）、正與偏（民與物）等等義理層次來得深廣，於此便牽涉到後出轉精的問題。

自孟子「親親而仁民，仁民而愛物」，到韓愈「一視而同仁，篤近而舉遠」，到張載「民吾同胞，物吾與也」，皆是發揮儒家倫理道德的基本義旨，只是說法逐漸精要而深醇。個人以爲張韓二人所重不同：一在德行工夫的實踐（佔了〈西銘〉篇幅的大半），一在說明聖人的襟抱（使萬物得其平，人得其情），亦即說明人爲萬物禽獸之主，強調其爲主之道。換言之，張重修己、韓重治人，然其目標皆在發揮「仁」道，就是孔子「天下爲仁」的道德理想。橫渠就天下一家之義來發揮一體之仁；韓愈言天地之間人的使命，在能成己成物，踐履仁德。

概括而論，就體用言之：體即是仁，一視而同仁，泛愛親仁即博愛，博施濟眾（兼愛的理想亦可納入）；即是民吾同胞，得體氣之正，因此爲理一。用則是義，是實踐（行）而有選擇性的（宜之），實踐的過程是篤近而舉遠；即是物吾與也，得體氣之偏，因此有分殊。（也因此兼愛的理論有其缺陋而爲聖人所棄）

（二）博愛與佛家慈悲不同

（1）尹洙（1001～1047，字師魯）

或謂佛家慈悲爲懷，不忍殺生；又往往捨身殉道以普渡眾生，故視之爲博大無私。由這一點而言，是否與韓愈所提出的博愛相通呢？尹洙曾經舉楊叔武爲例，說明浮圖與儒家所言相通的道理。其言曰：

> 新秦楊叔武，嘗爲予言其友人李君之爲人，篤行君子，然樂于佛氏之說。予他日得見，則以叔武之言說之。君曰：「誠有是，非取其所謂報施因果，樂其博愛而已。」予應之曰：「是仁之實也。古有孟氏書，爲仁義之說，君之樂宜近焉。」君于儒書爲泛通，自予言，于孟氏益加勤。異日大詫，曰：「孟氏說，與吾素所向無大異。」遂主孟氏學。予又曰：「自孟而下千載，能尊孟氏者，唯唐韓文公。」君由是復通韓氏文。且曰：「今而後知博乎愛者，在行之宜耳。」與予游二年，其言非孟即韓。君幸卒其志，則聖人之道無不至者。于其別，敘其初以勉之。（送李侍禁序、河南先生文集卷五）

楊君信佛的理由，在於博愛。尹師魯認爲這是「仁之實」，然不若孟子仁義之

說來得周全，此乃因「仁、人心也，義、人路也」（告子上），必從正路，方見出真心。再從首尊孟子的韓愈著眼，其以博愛釋仁、行宜釋義，理路更形清晰，使從學者得知博愛正見諸行宜。由浮圖而孟子而韓愈，層層進逼，以凸顯韓愈所倡之博愛。

另外，李覯、王令等人則持相反的看法，認為釋氏以慈悲為仁，與儒家博愛迥異。以下試作一說明。

（2）李　覯

李覯認為舉世稱浮圖之仁，乃在其「以不殺為道，水飲而蔬食」（潛書、直講李先生文集卷二十）。並進一步說明浮圖之仁不足取，其言曰：

> 夫雞豚狗彘，待人而後生者也；食人之粟以滋其種類，一日無人則饑而死。然而天下之民，所以不愛其資，萃而畜之者，用於其家故也。神靈之祭，賓客之奉，於是乎取之。今且使民無搖手於其間，則何待而粒之哉？吾見其無遺種矣！抑將不殺其身而務絕其類乎？仁者不為也。抑將奪人之食以飽無用之禽乎？仁者不為也。嗚呼！浮圖之仁歟，止於是而已矣。（潛書、直講李先生文集卷二十）

不殺禽則絕其類、且奪人食，這兩點乃仁者所不為，因而李泰伯持此來排佛。他更闡發韓愈「釋老之弊，過於楊墨」（與孟尚書書、韓昌黎文集校注本卷三）之義，將浮圖比作墨子，老子喻楊朱；以墨子來比擬浮圖，著眼點仍在兼愛與博愛上。他說：「浮圖之法，棄家違親；鳥獸魚鱉，毋得殺伐；非兼愛乎？」（富國策第五、直講李先生文集卷十六）

（3）王　令

王令則認為儒家為養生或祭死而殺牲，於禮未嘗不合。此外若驅龍蛇猛獸，乃是為了興利除害；聖人所教如此。（代韓退之答柳子厚示浩初序書、廣陵先生文集卷十六）故不違儒家博施濟眾之理。孔門云「濟眾」、「泛愛眾」，意皆指「眾」，停留在人的層面；釋氏則愛及禽獸。儒家著重實際人生，釋氏則注目虛淨來世。儒佛之辨既明，韓愈所指的「博愛」自不致流入浮圖。

（三）仁愛體用的問題

（1）程　頤

韓愈以「博愛」來解釋「仁」。針對「博」字，宋儒有流入佛老之譏（前

述兩項已分別辨明）；針對「愛」字，則有「倒體爲用」之議。程頤謂：

> 孟子曰：「惻隱之心，仁也。」後人遂以愛爲仁。惻隱固是愛也。愛
> 自是情，仁自是性。豈可自以愛爲仁？孟子言惻隱爲仁，蓋爲前已
> 言「惻隱之心，仁之端也。」既曰「仁之端」，則不可便謂之仁。退
> 之言「博愛之謂仁」，非也。仁者固博愛，然便以博愛爲仁，則不可。
> （答問仁、二程語錄十一）

此處重點有四：（1）惻隱心爲仁之端（2）惻隱是愛（3）愛乃仁之端（4）愛
是情，仁是性。

　　程伊川認爲韓愈以愛來解釋仁，是以情爲性。愛屬情，是已發；仁則是
性，是未發的本體。仁爲全體，愛僅屬部分（仁之一端）；以全體言部分則可，
以部分欲含括全體則未能完足，故又曰：「以博愛爲盡仁，則不可」（論道篇、
河南程氏粹言卷一），「盡」字之意在此。

　　同理，孝弟乃仁之用、行仁之本。將仁的性質及與其他德目間的從屬關
係確立之後，再觀察程頤對仁的涵義所作的說明：「子曰：於所主曰心，名其
德曰仁。」、「子曰：仁者，天下之正理。失正理，則無序而不和。」又曰：「仁
者以天地萬物爲一體，莫非我也。」程頤並認爲仁乃通上下而言，是盡人道。
至於如何去察識、體認並存養這個「仁」，他說：「聖賢言仁多矣，會觀而體
認之，其必有見矣。」（上述皆本論道篇、河南程氏粹言卷一）言下之意，在
於多讀儒家經典，自能變化氣質。

　　（2）朱　熹

　　至於朱熹，除了稱揚程伊川說得最分明之外，並舉出其體用關係：「仁便
是愛之體，愛便是仁之用。」（朱子語類卷一三七）認爲只說愛不能盡得仁，
則韓愈說得用又遺了體（朱子語類卷一三七）。他對於仁之全體大用的闡發，
極爲鞭辟入裏。見於〈仁說〉一文：

> 蓋仁之爲道，乃天地生物之心即物而在：情之未發而此體已具，情
> 之既發而其用不窮。誠能體而存之，則眾善之源，百行之本，莫不
> 在是。此孔門之教所以必使學者汲汲於求仁也。（仁說、朱文公文集
> 卷六七）

心即物而在，猶言體用爲一，即體即用。朱子又認爲心之發用「則爲愛恭宜
別之情，而惻隱之心無所不貫。」（同上）是指仁包四德而貫四端（仁義禮智），
乃「心之德」，總攝貫通，無所不備。仁既貫四端，已包含智，故未可以「心

有知覺」來釋仁之名。仁既包四德，故即是愛人利物之心，仁者無不愛，已達「萬物與我爲一」之境；然而愛非爲仁之體，故未可以「萬物與我爲一」視作仁之體。朱子此處皆從心之發用來細究仁之全體，乃作出愛「非仁之所以爲體之眞也」的結論。

（3）眞德秀

眞德秀贊同程伊川「以愛爲仁，是以情爲性也」的論點，並且能近取譬，說得更爲明白，其言曰：

> 仁猶根也，愛猶枝葉也，有此根故有此枝葉；然便指枝葉作根則不可。故孟子曰：「惻隱之心，仁之端也。」惻隱正是愛，（見物之可哀可憐，則有惻然隱痛之心，此正是愛。）乃是仁中發出來，譬如有物在中，而端緒發於外也。愛乃仁之發見處，便以愛爲仁，是以情爲性，以用爲體也。所以伊川先生不取韓子博愛之說，以爲仁自是性，愛自是情；以愛爲仁，是認情爲性。（問仁字、眞文忠公文集卷三十一）

另外，他也承朱熹「人心得自天地生物之心，故人心主於愛物」之說，（同上）並藉此重申「仁雖不上於愛；然見之於用，則莫切於愛。」（同上）之理。

程朱重「仁」（體），眞西山則強調「愛」（用）。雖然他針對韓愈未能釐清仁與愛的體用關係提出修正；不過也認爲韓愈能簡要標舉「愛」來解釋「仁」這一點十分切用，未嘗沒有褒揚之意。

終唐一代，民心所向皆在佛老。韓愈僅憑一儒者立場持論，在人生論上先否定佛老之說；卻未嘗深究二氏學說所建構的一套宇宙論與心性論，因而〈原道〉闢佛，乃謂須「人其人、火其書、廬其居」（韓昌黎文集校注本卷一）。然此舉在當時必不可行，故雖以排佛老自任，終未能稍挫其勢。必有待宋儒出，方能踵續其未竟之業。

北宋歐陽修〈本論〉闢佛，所舉的方法——修本（禮樂王政）以勝之——雖迥異於韓愈，而基本立場則未嘗稍異，皆是就政治人生等實際問題著手；無法針對佛老所有的一套極精密的宇宙及心性論提出抗衡之說。即或對於心性問題有所涉獵：例如韓愈嘗作〈原性〉（韓昌黎文集校注本卷一），謂性與情不相離，藉以駁斥釋氏滅情見性之說；〔註15〕惜未能申論。至歐陽修則直

〔註15〕《詩話總龜》云：「歐陽永叔素不信釋氏之說。……既登二府，一日被病亟，夢至一所，見十人，冠冕環坐。一人云：『參政安得至此，宜速返舍。』公出

接以性命之辨非學者之急務，（謂使人性善固當如此，人性惡亦當如此），表明其但倡禮樂不談心性的立場，然其力仍未足以轉移社會風氣。

不過，宋儒對於排佛的理論架構——亦即辨明儒佛之分野——愈後愈趨於精細。歐陽修的弟子如曾鞏（1019～1083，字子固）已將《大學》、《中庸》揉合爲說。〔註16〕王安石亦出歐公門下，嘗作〈禮樂論〉（臨川先生文集卷六六），多就性情關係來發揮，又別有〈性情〉、〈原性〉、〈性說〉諸篇（同上卷六八），詳加申論，已較歐公排佛之論更進一步；又著〈大人論〉（同上卷六六），謂德聖、神聖皆由事業見出，亦能針對佛家法報應三身之說提出相反的論證。〔註17〕

至二程子，明道出入佛老幾十年，反求六經而復歸儒（參見伊川所撰〈明道行狀〉）；亦即佛老所未能解決的人生問題，從儒家思想的服務中仍可找出其爲歸宿。在儒家經典中，二程特重《禮記·大學》篇，明道、伊川分別有改本；〔註18〕（經說卷五、二程全書），申明欲治國平天下，必先由修身齊家

門數步，復往問之：『公等豈非釋氏所謂十王者乎？』曰：『然。』因問：『世人飯僧造經，爲亡人追福，果有益乎？』答云：『安得無益。』既寢，病良已。自是遂信佛法。文康得之於陳去非，去非得之於公孫恕，當不妄。葉少薀守汝陰，謁見永叔之子棐，久不出，已而棐持數珠，出謝曰：『今日適與家人共爲佛事。』葉問其故，棐曰：『先公無恙時，薛夫人已如此，公弗之禁止也。』」（後集卷四十五）葉夢得《避暑錄話》卷上亦有類似之記載。

〔註16〕《元豐類藁》卷十一《梁書目錄序》：「自先王之道不明，百家並起，佛最晚出，爲中國之患，而在梁爲尤甚，故不得而不論也。蓋佛之徒，自以謂吾之所得者內，而世之論佛者，皆外也，故不可詘。雖然，彼惡睹聖人之內哉。書曰：思曰睿，睿作聖。蓋思者所以致其知也。能致其知者，察三才之道，辨萬物之理，小大精麤，無不盡也。此之謂窮理，知之至也。知至矣，則在我者不足貴，在彼者不足玩，未有不能明之者也。有知之之明，而不能好之，未可也，故加之誠心以好之。有好之之心，而不能樂之，未可也，故加之至意以樂之，則安矣。如是萬物之自外至者，安能累我哉？萬物之所不能累，故吾之所盡其性也。能盡其性，則誠矣。誠者，成也，不惑也。既誠矣，必克之，使可大焉。既大矣，必推之使可化焉。能化矣，則含智之民，肖翹之物，有待於我者，莫不由之以全其性，遂其宜，而吾之用與天地參矣。德如此，其至也，而應乎外者，未嘗不與人同，此吾之道，所以爲天下之通道也。」其實韓昌黎〈原道〉已引《大學》爲說，〈顏子不二過論〉已引《中庸》爲說；北宋諸儒之言大學中庸者，皆因讀韓文而來。

〔註17〕佛氏法報應三身之說，乃由眞轉俗；荊公大人之論，則由俗轉眞，正與佛家之說相反。參錢賓四《宋明理學概述》上冊頁7。

〔註18〕《大學》原是《禮記》第四十二篇。宋代開始備受重視，爲理學家重要經典之一。之所以受到重視，乃因理學家以它作爲發揚先王之道的理想依據。然

做起；而修、齊的工夫端賴誠意、正心。可知至二程階段，政治、社會、經濟等問題已轉居次要，而心性修身等工夫方爲學者當務之急；亦即從心性上修本，然後始能由人生論進而上論宇宙。如此得以從根本的思想上擊敗佛老，開儒學之新局面。

南宋朱熹也強調從心性上做工夫來排佛，先從爲學工夫做起，以明道之本體（參見朱子語類卷一○四）。認爲韓愈正因「不去踐履玩味，故見得不精微細密」（朱子語類卷一三七），在朱子的眼中，韓愈把道說得太疏闊了（朱子語類卷九七）。不過仍肯定他在漢唐諸儒中，是唯一「依稀說得略似」（朱子語類卷九三）者。

綜觀兩宋學者排佛，從批評韓愈「破」的消極態度轉爲在儒家思想上「立」的積極態度，儘管建構過程十分不易，但已自社會範疇深入心性領域，眞正擊破釋教的要害；亦可謂排佛理論至宋儒始完備。至於明儒之闢佛，雖較宋儒既明且詳，如羅整菴（1465～1547，名欽順，字允升，學者稱整菴先生）之於朱子，但在理論上並未有超出前人處。〔註 19〕是以宋之後朝代更迭，未嘗不出現喪亂之世，然佛教終無法如六朝隋唐之風靡，其故在此。

而在大部分的理學家看來，鄭注孔疏的古本大學在結構或內容上不無缺陷；改善之道，便是移易章次或補作闕文，於是出現了所謂的「改本」。（參葉國良、〈介紹宋儒林之奇的大學改本〉、幼獅學誌十八卷四期、頁 1～11）

〔註19〕陳郁夫〈明代中葉程朱學者對禪佛的批評〉一文（師大國文學報十四期，頁165～188）有作詳細討論。

第二章　宋儒論韓愈排佛之實踐

　　韓愈除了在排佛理論方面備受爭議之外，有關他排佛的實際情形，也引起後人極為熱烈的批評。其中對於他是否陽儒陰釋——表面排佛，內裏卻崇信佛法——的問題，注目最多，包括：韓愈是否與浮圖交往（其中又以和大顛和尚的交往情形最受重視）及是否曾觀取佛書、運用佛教術語等等。其次，在考證韓愈究竟是否信佛之後，設若所得結論為否定，則尚需進一步討論，如有關他如何實行排佛的主張，與宋儒對此舉有哪些評論，亦即排佛一事的功過等問題，均屬本章所要探討的範圍。

第一節　與浮圖交往情形

　　韓愈一生中與禪宗的關係，一般熟知的就是他貶居潮州時，與石頭希遷（700～790）的弟子大顛寶通（732～824）間的交往。這一件事引起極大的爭議，例如對〈與大顛師書〉三封信的真偽、內容的解釋等，各家說法不一，從而導致韓愈是否信佛之爭。除大顛外，韓愈亦與其他僧徒往還，且贈詩文給靈師、惠師、文暢師、無本師以及澄觀、浩初等，以下試一一辯析。

一、與大顛之交往

　　樊汝霖《韓文公年譜》敘述韓愈在憲宗元和十四年因諫迎佛骨而貶潮州，嘗與潮州僧大顛交遊，並撰〈與大顛師書〉三封，邀其過訪，世人遂懷疑他已崇奉釋教。是年冬，量移袁州，北上到任途中經過吉州，時為元和十五年初，當時孟簡（字幾道）被貶於此，乃與韓交識。孟氏性嗜佛法，故寫信勸

韓愈信奉，並嘉許他與大顚的交往。韓愈乃著〈與孟尚書書〉加以答辯，自稱排佛立場絲毫未變。不過由於文中出現「實能外形骸以理自勝，不爲事物侵亂」、「要自胸中無滯礙，以爲難得」這一類充滿禪趣的話語，因此引起後人許多爭議。

另外，在〈與大顚師書〉（韓昌黎文外集上卷）三封信裏，也有啓人疑竇之處。例如，他在第一封信中向大顚師問候，祝其「道體安和」。「道體」一詞固然可以解釋成一般稱呼僧道的術語，不過韓文公繼而又說：「久聞道德，切思見顏」。「道德」一詞，若從〈原道〉篇來看，是有界限的，如「彼所謂道，道其所道，非吾所謂道也；彼所謂德，德其所德，非吾所謂德也。」（原道、韓昌黎文集卷一）即強調儒家言道德乃結合仁義，而釋老言道德則棄絕仁義，兩者有根本的不同。然則此處針對大顚師而發，其中有無特殊含意？抑或僅屬普通客套辭令？這個問題牽涉到韓愈對「道德」一詞的應用範圍。若自其詩文中整體歸納來看，似屬客套之辭，詳見附錄一。

至於與大顚的第二封信，韓愈又認爲潮州無人可與談論，而打聽到大顚的修爲高明，故希望能獲得接見。其言曰：「海上窮處，無與話言；側承道高，思獲披接。」語氣十分恭謹。姑且不論是否由於大顚年高德劭的緣故，只就他以「道」稱許大顚這一點，便成了後人注目的焦點。以下試將韓愈與大顚交往一事，所引發後人評論的情形作一敘述。

（1）王安石

北宋王安石早已批評韓愈與大顚交往之不當。他說：

> 不必移鱷魚，詭怪以疑民。有若大顚者，高材能動人。亦勿與爲禮，
> 聽之汨彝倫。（送潮州呂使君詩、臨川先生文集卷五）

對於韓愈祭鱷魚與禮大顚二事至表反對。王荊公以「汨彝倫」來表示其看法，或與其平日自我期許「他日若能窺孟子，終身何敢望韓公？」（奉酬永叔見贈、臨川先生文集卷廿二）有關。吳曾《能改齋漫錄》卷十「荊公不以退之爲是」條所引資料可作爲旁證。

（2）葉夢得

北宋葉夢得認爲天下的「道」只有一個，從儒家的觀點來說爲儒，以佛家的觀點來說則爲佛，故謂韓愈排佛卻事大顚的矛盾是「自在其說中而不悟」，其言曰：

> 此道豈有二？以儒言之則爲儒，以佛言之則爲佛。而士大夫每患不

能自求，其所聞必取之佛，故不可行於天下；所以紛然交相詆，卒莫了脫其實也。韓退之〈答孟簡書〉，論大顛以爲「實能外形骸以理自勝，不爲事物侵亂」，胸中無膈礙。果爾：安得更別有佛法？是自在其說中而不悟。（避暑錄話卷下）

此外，他又以「其從之者，既不自覺；而詆之者，亦不悟其學之所同也」來強調道不爲二的觀念。

（3）文天祥

文天祥說：

> 自佛入中國，其徒牢護其說，遂與儒者之教並立於天下。大顛止於海上，韓公屈與之交。當時覊窮寂寞之餘，以其聰明識道理，姑與之委曲於人情世故之內。其於變化其氣質，移易其心志，攘除其師之教，未必有焉。以今敬觀之，則其崛起於浮屠之中，而若有得於聖賢君子之說。而凡精葉勤行以學韓之學者，又與之周旋一室，以上下於其間，其爲聰明識道理也多矣。（送僧了敬序、文山先生全集卷九）

這是一種迴護韓愈的說法，認爲與大顛和尚的交往確有其事，但情有可原。因爲在退之覊旅窮愁之際，無人可談，尊大顛之睿智聰明，遂與之往來。此舉合於人情，並未因而移易其排佛之夙志。

（4）歐陽修

關於〈與大顛師書〉的眞僞，歐陽修曰：

> 右韓文公〈與顛師書〉，世所罕傳。余以集錄古文，其求之既勤且博（上七集本只作「其求之博」），蓋久而後獲。其以《易》（集本無此字）〈繫辭〉爲〈大傳〉，謂「著山林與著城郭無異」等語，宜爲退之之言。其後書「吏部侍郎潮州史」，則非也。蓋退之自刑部侍郎貶潮州，後移袁州，召爲國子祭酒，遷兵部侍郎，久之，始遷吏部。而流俗相傳，但知爲韓吏部爾。〈顛師遺記〉雖云長慶中立，蓋拜韓書，皆國初重刻，故謬爲附益爾。治平元年三月十三日書。右眞蹟（唐韓文公與顛師書、歐陽修全集卷六、集古錄跋尾二）

首先，他認爲這篇書信乃「世所罕傳」。其次，先肯定一些文句爲退之語氣，從而證明此篇有其眞實性。最後則提出疑點──「吏部」侍郎當是「刑部」侍郎之誤。不過在歐陽修認爲這是流俗相傳，只知韓愈終爲吏部侍郎，未能

審其先前官位，這種謬誤無礙於本篇的眞實性；尤其篇末標明「眞蹟」，使歐陽公的論點更形清晰。

（5）蘇 軾

有關韓愈和大顚交往及〈與大顚師書〉的內容，前述四者無論係批評或迴護，大致皆持肯定態度。另有一派學者對這三封書信的內容表示懷疑，從而對其與大顚交往的情形加以解釋，認爲這並不代表韓愈崇信佛法。例如蘇軾即斷定這三封書信乃世人妄撰。其言曰：

> 韓退之喜大顚，如喜澄觀、文暢之意爾，非信佛法也。世乃妄撰退之〈與大顚書〉，其詞凡陋。退之家奴僕，亦無此語。有一士人於其末妄題云：「歐陽永叔謂此文非退之莫能此。」又誣永叔也。永叔作〈醉翁亭記〉，其辭玩易，蓋戲云耳，又不以爲奇特也。而妄庸者亦作永叔語云：「平生爲此最得意。」又云：「吾不能爲退之〈畫記〉，近似甲名帳耳，了無可觀。」世人識眞者少，可嘆、亦可恐也！（記歐陽論退之文、東坡題跋卷一）

東坡此論的依據，在於他認爲〈與大顚師書〉文辭凡陋。因此他對於篇末士人所題「歐陽永叔謂此文非退之莫能此」深感不滿，認爲連歐陽修也被誣蔑了，並且舉出兩例來證明皆是妄庸者僞作永叔語。然則歐陽永叔雖不曾稱許〈與大顚師書〉，亦未稱其出於僞託，實因韓愈與大顚交往之事確然存在。對於這一點，蘇軾認爲應從韓愈與其他僧徒的交往情形合併觀察。韓愈對澄觀乃取其經營之才，如云：「公才吏用當今無」（送僧澄觀、韓昌黎詩繫年集釋卷一）；對文暢則取其多得搢紳先生之歌詠，喜文章（送文暢師北游、韓昌黎詩繫年集釋卷一、送浮圖文暢師序、韓昌黎文集校注卷四）。與二僧相交各有所重，然皆非信佛法。（詳見（二）與其他僧徒之交往）東坡於是將退之喜大顚之情形亦歸於此類。

（6）朱 熹

歐、蘇二說，引起當世極大的爭論。贊成歐說者有袁自書（注杭本）、方崧卿（撰《韓集舉正》）；支持蘇說者有呂祖謙（編《宋文鑑》）等人，各持己見，相攻無已。直至朱子始予折衷。朱子針對歐、蘇所見不同，申述曰：

> 蘇公此語，蓋但見集注之出於或人，而未見跋尾之爲歐公親筆也。二公皆號一代文宗，而其去取不同如此，覽者不能無惑，然方氏盡載歐語而略不及蘇說，其意可見；至呂伯恭乃於《文鑑》特著蘇說，

以備乙覽，則其同異之間又益後人之惑矣。以余考之：所傳三書，
最後一篇實有不成文理處；但深味其間語意一二，文勢抑揚，則恐
歐、袁、方意誠不爲過。但意或是舊本亡逸，僧徒所記不眞，致有
脫誤。歐公特觀其大概，故但取其所可取，而未暇及其所可疑；蘇
公乃覺其所可疑，然亦不能察其爲誤，而直斥以爲凡鄙。所以其論
雖各有以，而皆未能無所未盡也。若乃後之君子，則又往往不能究
其本根，其附歐說者，既未必深知其所以爲可信；其主蘇氏者，亦
未必果以其說爲然也。徒幸其言可爲韓公解紛，若有補於世教，故
特表而出之耳。皆非可與實事而求是者也。至於方氏雖附歐說，然
亦未免曲爲韓諱，殊不知其言既曰：「久聞道德」，又曰：「側承道高」，
又曰：「所示廣大深迥，非造次可喻。」又曰：「論甚宏博」，安得謂
初無崇信其說之意邪？（〈與大顚師書〉標題朱子注、韓昌黎文集校
注文外集上卷）

就文意來看，朱子除了認爲歐、蘇兩派各得其一偏，未見全體，故起爭議之
外，又強調應從韓愈原文加以探析。首先，他認爲〈與大顚師書〉三封信是
可信的；只因經過亡佚脫誤，致使歐、蘇二公所見者未能一致，從而導致判
斷上的差異。其次，於肯定此三封信之後，應進一步根據原文內容細察其意。
關於這一點，朱子認爲只要不阿曲偏諱，即可看出韓愈起初實有學信佛理的
跡象。對此現象，於〈與孟尚書書〉的朱子注解中，有更詳細的探討。

　　韓愈在〈與孟尚書書〉中申辯他與大顚交往並非信奉釋氏，乃因謫居潮
州時，「遠地無可與語者」，而大顚爲一老僧，又頗聰明，識道理，[註1]「實
能外形骸以理自勝，不爲事物侵亂。」相與交談，韓愈雖未能盡解，但也感
到大顚胸中了無滯礙，十分難得，有欣慕之意，乃與之來往。朱子就此事於
《韓文考異》卷五〈與孟尚書書〉中「要自胸中無滯礙，以爲難得，因與來
往。」句之下，作了將近五百字的長註：

蓋韓公之學見於〈原道〉者，雖有以識夫大用之流行，而於本然之
全體，則疑其有所未睹；且於日用之間，亦未見其有以存養省察而
體之於身也。是以雖其所以自任者不爲不重，而其平生用力深處，
終不離乎文字語言之工；至其好樂之私，則又未能卓然有以自拔於

────────────────

〔註1〕韓愈詩文中「道理」一詞共出現七十五次（韓文六十六次、韓詩九次）。皆平
　　　常習用語，並非指儒家聖人之道。

流俗。所以遊者，不過一時之文士，其於僧道，則亦僅得毛干、暢、
觀、靈、惠之流耳。是其身心內外，所立所資不越乎此，亦何所據
以爲息邪距詖之本、而充其所以自任之心乎？是以一旦放逐，憔悴
亡聊之中，無復平日飲博過從之樂；方且鬱鬱不能自遣，而卒然見
夫瘴海之濱，異端之學，乃有能以義理自勝，不爲事物侵亂之人。
與之語，雖不盡解，亦豈不足以蕩滌情累而暫空其滯礙之懷乎？然
則凡此稱譽之言，自不必諱；而於公所謂不求其福、不畏其禍、不
學其道者，初亦不相妨也。雖然，使公於此能因彼稊稗之有秋，而
悟我黍稷之未熟，一旦飜然反求諸身，以盡聖賢之蘊；則所謂以理
自勝、不爲萬物侵亂者，將無復羨於彼，而吾之所以自任者，益恢
乎其有餘地矣。豈不偉哉？

朱子於此處除了分析韓愈與大顚交往的主觀與客觀因素外，也表白了他對此
事的看法。依照文意次序，大致可歸納爲下列數點：一、韓愈之學可見諸〈原
道〉，特色是識大用而未審本體。二、即或針對識大用這一方面來觀察，他還
是未能做到存養省察，亦即修身的工夫不夠。三、韓愈自任頗重，然其平生
用力，仍工於文字語言，也就是著重於文章修辭。四、韓愈平日所私所樂未
見得超出流俗；其交遊不過一時文士，與僧道交往者少，且流品未顯高明。
五、由以上所述，見出韓愈在身心內（修養）外（交遊）之所立所資；可知
其未有息邪說距詖行之本。因此在探索他的心態後，當可爲他在放逐瘴野後
既無娛樂、心情復鬱悶的情形下而結交大顚和向一事，作合理的解釋。六、
與大顚語，正可蕩滌他的情景，使暫無滯礙。七、值此之故，韓愈稱譽大顚
之言，乃合於當時之環境及心情，故不必爲韓愈隱諱。八、同時，這一點與
其生平對浮圖的態度——不求福、不畏禍、不學道——並不相違。九、朱子
認爲他山之石可以攻錯；藉著大顚的啓發，提出一己的意見。若使韓文公能
黽勉修身務本，來發揮聖賢的微言大義；如此不僅在排佛方面立場更堅定，
並且所持以自任之處，將會更充實而有光輝。

　　歸納言之，朱子對大顚一事的態度不失爲客觀持平，也間接反映了當時
不但有人極力詆毀此事，亦有人極力迴護之情形。〔註2〕因此，朱子於《考異》

〔註2〕黃震指朱熹以此篇爲眞乃大謬，其言曰：又世傳昌黎嘗與大顚書，其文陋甚，
　　　昌黎集無之，東坡先生嘗辨其爲僞矣。昌黎本以刑部侍郎到潮州，還朝久之，
　　　乃遷吏部。歐陽公所得大顚書石本，乃稱吏部侍郎，此可知其爲僞尤明。晦

中前述長註之開頭即云：

> 今按：此書稱許大顛之語，多爲後人妄意隱避，刪節太過。（按：閣、
> 杭、蜀本將「要自胸中無滯礙，以爲難得。」刪去「胸中無滯礙」
> 五字，「自」又或作「且」，而成爲「要且以爲難得」一句）故多脫
> 落，失其正意。……不復成文理矣。

同時，此條注解從韓文公與大顛交遊一事，進而申論韓文公平日的學養修爲，
身心內外所立所資，似乎得到負面的答案。從朱子的批評可以看出宋學所特
重的一點，即探究本體及存養省察的功夫；而朱子更是既能專精，又不失博
雅。因此錢賓四先生於朱注這段文字，推而說明漢學與宋學的相異處。〔註3〕
可見韓愈與大顛交往這件事所引發的，不僅是信佛排佛的問題，更是中國學
術思想史上歷久彌新、甚難定奪的一大公案。此處不再深入探討。

（7）陳　善

陳善認爲韓愈闢佛而事大顛，這種「反其道而行」之舉未足多怪。他將
這個現象歸咎於韓愈學未能純，故其〈原性〉篇流於佛老，〈原人〉篇流入墨
子，〈三器論〉則流入莊周。（參見《韓退之謂荀揚未純》條、捫虱新話卷一）
陳善又依據《宗門統要》之記載，肯定韓愈不但嘗與大顛往還，而且還有自
稱弟子、入於佛法大義之事。其言曰：

> 韓文公在潮州，與僧大顛往還。今集中有〈與大顛書〉三首，世以
> 爲非是。予讀《宗門統要》，……至潮州，遇大顛，公問：「和尚春
> 秋多少？」顛乃提起數珠亦之云：「會麼？」公云：「不會。」顛云：
> 「畫夜一百八。」文公歸宅，怏怏而已。夫人問：「侍郎情思不懌，

庵亦以其書爲眞而錄於後，亦所未曉。並書誌疑，以俟來者察焉。（黃氏日鈔
卷五九）

〔註3〕錢賓四先生於《朱子新學案》冊五附朱子《韓文考異》逐條有所批評。針對
〈與大顛師書〉，就朱子對韓文公與大顛交游一事所作的評論曰：此條就韓公
與大顛交游事，申論及於韓公平日之學養，身心內外，所立所資，將五百言。
清儒治校勘，斷無此等筆墨，此乃漢學與宋學精神相異處。東雅堂本於此書上
文實能外形骸以理自勝不爲事物侵亂語下，添入司馬溫公書心經後一段，與
朱子此條所論，深淺頗周，甚相懸隔。讀者既不易別出此一條之並非考異原
文，又其前後評騭大異，多列異說，徒亂讀者之思理，亦使讀者昧失古人著
書之精神。此所以徒務掎摭尚博之無當於學術也。章實齋有言，浙東貴專家，
浙西尚博雅，又謂博雅之風淵源朱子。竊謂章氏此論，若專以辨清儒之學風
則可。若誠以論朱子，則朱子雖博雅，亦何害其爲專家？學者當從此處細參
之，乃可知徒博之無當也。（朱子新學案冊五，頁263）

復有何事？」遂舉前話。夫人云：「何不進問晝夜一百八，意旨如何？」
公明日凌晨遂去，纔到門首，乃遇首座云：「侍郎入寺何早？」公云：
「特去堂頭通話。」座云：「堂頭有何言句開示？」侍郎公舉前話。
座云：「侍郎怎生會？」公云：「晝夜一百八，意旨如何？」座乃叩
齒三聲。公至堂頭，復進前話：「晝夜一百八，意旨如何？」顓亦叩
齒三聲。公云：「信卻佛法一同？」顓云：「見甚道理，乃云一般。」
公云：「適來門首，接見首座，亦復如此。」遂喚首座：「適來祇對
侍郎佛法，是否？」座云：「是。」顓遂打首座趕出院。文公一日復
白大顓云：「弟子軍州事多，佛法要省處，乞師一句。」顓良久，文
公未會。時三平爲侍者，乃敲禪床三聲。顓云：「作麼？」平云：「先
以定動，然後智拔。」公乃禮謝三平云：「和尚門風高峻，弟子於侍
者邊得箇入處。」觀與大顓往還事迹如此。今史傳但載公〈論佛骨〉，
而不知其始對佛光，己目不合上意，其實未知佛法大義。既見顓師，
遂有入處。（韓文公參大顓、捫虱新話卷三）

陳善主張不須一切全依昌黎集中所言，因恐其爲一面之辭。持此觀點，自不
必全信〈與孟尙書書〉中的答辯；也未妨相信〈與大顓師書〉崇敬顓師之處。
對於蘇軾認爲韓愈喜大顓的意義同於文暢，非信佛法的論點，陳善表示反對，
其言曰：

而世復以公〈答孟簡書〉爲疑，以公與大顓遊，是與文暢意義等無
異，非信其道也。予謂顓古尊宿，非二師比。況聞文公論佛骨來，
使文公不見則已，見之必有以起悟公者。今觀大顓與首座侍者三人
互相引發，皆迴絕言議之表。所謂爲上報者說大乘法，因果報應文
字語言，固不論也。今世所傳韓退之別傳，乃一切搞摭昌黎集中文
義長短，以爲問答，如市俚稽較。然彼欲以伸大顓之辨而抑文公，
不知公於大顓，所以相語開示悟人蓋如此。（韓文公參大顓、捫虱新
話卷三）

陳善認爲《宗門統要》的記載可以相信。若盡信昌黎集中所言，韓愈恐有爲
自己迴護之嫌，較不易獲得客觀而眞實的結果。對於這個說法，似乎值得商
榷，茲舉另一佛書《祖堂集》爲例。宋元以來的佛教史中，零星記載了有關
韓愈和大顓交往的事蹟，其中最早的要算《祖堂集》。該書係於五代南唐保大
二年由福建泉州招慶寺的靜、筠二禪師所編撰，現存的初期禪宗史書，以此

書最古且完整無缺。〔註 4〕

《祖堂集》卷五載有石頭希遷弟子的傳記。開卷便有大顛和韓愈交往的記載：

大顛和尚嗣石頭在潮州。元和十三年戊戌歲迎眞身，元和皇帝於安遠門躬自焚香迎候頂禮。皇帝及百寮俱見五色光現，皆云是佛光。百寮拜賀聖感。唯有侍郎韓庚（愈）一人獨言不是佛光，不肯拜賀聖德。帝問：「既不是佛光，當此何光？」侍郎當時失對，被貶潮州。侍郎便到潮州，問左右：「此間有何道德高行禪流？」左右對曰：「有大顛和尚。」

侍郎令使往彼三請，皆不赴。後和尚方聞佛光故乃自來。侍郎不許相見，令人問：「三請不赴，如今爲什麼不屈自來？」師云：「三請不赴，不爲侍郎；不屈自來，只爲佛光。」侍郎聞已喜悅，則申前旨：「弟子其時云不是佛光，當理道不？」師答曰：「然。」侍郎云：「既不是佛光，當如此何光？」師曰：「當是天龍八部釋梵助化之光。」侍郎云：「其時京城若有一人似於師者，弟子今日終不來此。」侍郎又問曰：「未審佛還有光也無？」師曰：「有。」進曰：「如何是佛光？」師喚云：「侍郎。」侍郎應：「喏。」師曰：「看還見摩。」侍郎曰：「弟子到這裏卻不會。」師云：「這裡若會，得是眞佛光。故佛道一道，非青、黃、赤、白色。透過須彌盧圍，遍照山河大地。非眼見，非耳聞。故五目不覩其容，二聽不聞其響，一切巠凡虛幻無能惑也。」師欲歸山，留一偈曰：「辭君莫恠歸山早，爲憶松蘿對月宮，臺殿不將金鏁閉，來時自有白雲封。」

自後，侍郎特到山復禮，乃問：「弟子軍州事多，佛法中省要處，乞

〔註 4〕依據美國紐約州立大學蔡涵墨教授的介紹，《祖堂集》在中國早已失傳。例如在九〇四年撰寫的《景德傳燈錄》對此事隻字未提，似乎不知它的存在。蔡氏曰：……現存的《祖堂集》是 1245 年刊刻於韓國，是 1236 年至 1251 年在韓翻刻的《大藏經》的附錄。原版保存在韓國慶尚南道迦耶山海印寺。日本學人岾山孝道在一九三三年發現這些刻版，並把這個發現公佈於日本學術界。1960 年，日本禪學專家柳田巠山把《祖堂集》重印刊行。日本學人如柳田巠山本人、宇井伯壽、八矢義高都對該書作了專題研究。法國漢學家戴密微（Paul Demieville）也在《通報》發表文章討論這部文獻。《祖堂集》全文收在 1965 年，在韓國漢城出版的《曉城趙明基博士華甲紀念佛教史學論叢》一書的附錄之內。

> 師指示。」師良久。（蔡涵墨疑原文有闕字）侍郎罔措。登時三平造
> 侍者在後背敲禪床。師乃迴視，云：「作麼？」對曰：「先以定動，
> 然後智拔。」〔註5〕
>
> 侍郎向三平云：「和尚格調高峻，弟子罔措。今於侍者邊卻有入處。」
> 禮謝三平，却歸州。
>
> 後一日上山禮師，師睡次，見來，不起便問：「遊山來？爲老僧禮拜
> 來？」侍郎曰：「遊山來。」師曰：「還將得遊山杖來不？」對曰：「不
> 將得來。」師曰：「若不將來，空來何益？」

這一段記載指出韓愈拒認佛光，不可禮拜，對聖物和皇帝的聖德都是不敬，
值此之故被貶潮州。同時，引文第二段爲韓愈三次邀請大顛到漸州一事，提
出了新證據。因此〈與大顛師書〉三封信的眞實性也重新獲得有力的證明。
至於引文第三段則記錄二者的問答，可由此看出韓愈的心路歷程。依蔡涵墨
的說法是：

> 開始的時候，他對大師的道理茫無頭緒，所以說：「弟子到這裏都不
> 會。」後來他聽到大顛對佛光的解釋，纔有所悟。第四段，韓愈不
> 了解大顛的沈默，然後從三平侍者那裏得到「入處」，才領悟到自然、
> 無爲的行爲價值。引文內大顛最後的話：「空來何益？」似乎暗示韓
> 愈對他的教導已經可以自悟，不必其他人的幫助──不須「將杖來
> 遊」，可以「空來」了。（禪宗《祖堂集》中有關韓愈的新資料、書
> 目季刊十七卷一期、頁21）

這一點與朱子的看法可以合併觀之，基本上都認爲韓愈終能體悟禪理。

其後，宋朝四明沙門常磐所撰的《佛祖統記》（收錄於大正藏經）中，關
於韓愈與大顛相交的記錄，也可看出由《祖堂集》演變之迹：

> 韓愈至漸州，聞大顛師之名，請入郡問道。留旬日。後祀神至海上，
> 登靈山，造其居。問師：「如何是道？」師良久。愈罔措。時三平義
> 忠爲侍者，乃擊禪床三下。師云：「作麼？」三平云：「先以定動，
> 後以慧拔。」愈大喜曰：「和尚門風高峻，愈於侍者邊，得個入處。」
> （大正藏卷四九、頁382）

這與陳善所引《宗門統要》的記載有相似之處，同樣是拿「先以定動，後以

〔註5〕或作「先以定動，後以慧拔」。智、慧乃同義互文。

智（慧）拔」來開悟韓愈，也都引述韓愈自稱佛門弟子，來達到詆毀的目的。

蔡涵墨認爲《祖堂集》和劉昫《舊唐書》中的〈韓愈傳〉皆撰於五代，屬同一時期作品，可信度極高。雖然二者論點大異，《祖堂集》卻反而和韓集中所記述對大顚的印象相吻合。因此，作爲研究韓愈生平的歷史資料，《祖堂集》仍有其可信之處。〔註6〕然而蔡氏於篇末強調「我們也不應該以爲《祖堂集》是禪宗人士的作品，而漠視這些有關韓愈對禪宗興趣與態度的新資料。」這一句話卻極耐人尋思。

在提出這個論點之前，他引陳寅恪先生〈順宗實錄與續玄怪錄〉（國學季刊六卷三期）一文爲證。陳氏勸讀者不要以爲小說家的記載不值深究而忽視其中所含的歷史價值。〔註7〕蔡氏乃以同理可證明禪宗人士的作品亦不宜漠視。這一層關係的轉換，似乎值得商榷。固然蔡氏的說法有其歷史根據──資料的年代愈早，可信度愈高；不過，從小說家推到禪宗人士，其中可能有極大的分野。因爲在立場上，小說家可以儒道釋三家並存，而禪宗僧徒之著作，必然排斥異己，維護宗門。如此一來，對於排佛甚篤的韓愈，所稱引有關他的行事爲人──特別是他與浮圖接觸的情形，必然特別加重描述；然則其公允性及可信的程度便值得懷疑。有了這一層認識之後，再來看《祖堂集》的作者靜、筠二禪師。二師均未嘗涉獵儒家經典，不曾仰慕儒家思想，（即使有多做討論者，如釋契嵩《鐔津集》中有〈非韓子〉三十篇，仍始終爲佛教立言，痛詆韓愈。〔註8〕）可見其自然偏執佛教立場。集中有關韓愈的記載，固然有眞實性，但也未嘗不是假借韓愈的名氣來申明「先以定動，後以慧拔」這個佛理。

另外，蔡涵墨認爲《祖堂集》的記載和韓愈敘述對大顚的印象十分吻合。關於這一點，亦有待商榷。於此姑且不論〈與大顚師書〉的眞僞，單從這三封信的內容來看，實已對浮圖大爲有利，因此極可能被禪宗《祖堂集》利用

〔註6〕蔡涵墨云：⋯⋯《祖堂集》不僅是研究唐代禪宗歷史的重要文獻，也是研究唐代白話文學的珍貴資料。這本書全是用唐代口語寫成，因爲在中國早已失傳，所以未經宋代學人的修改，全部唐代口語得以保存完璧。就這方面而言，《祖堂集》是敦煌發現的文字和少數未經宋人大改動的語錄，如《龐居士語錄》、《臨濟語錄》外，研究唐代白話文學的重要材料。（禪宗《祖堂集》中有關韓愈的新資料、書目季刊十七卷一期頁 19～21）

〔註7〕參見《國學季刊》六卷三期〈順宗實錄與續玄怪錄〉頁 31。

〔註8〕參見何寄澎著《北宋的古文運動》（七三年台大中研所博士論文），對於釋契嵩〈非韓子〉三十篇的內容分類與立意宗旨，討論甚詳。

為說，藉以誇大其辭，壯其聲勢。若僅就《祖堂集》與《昌黎集》中對大顛之描述相合一事，據以為韓愈信佛的有力證據，恐有偏頗之虞。

再觀察陳善所引的《宗門統要》一書。依據《佛教大辭彙》及《佛藏子目引得》的解釋，該書刊刻於宋紹興三年，係浮圖宗永所撰，其立場及可信度都值得推敲。故宜採朱子的看法，寧願相信韓愈本人的作品，不假外求。特別這個「外」是站在敵對的立場。〔註9〕因此浮圖書中所描述的韓愈，其可信度值得懷疑。對於《宗門統要》韓愈參大顛一百八念珠的公案，依據錢鍾書先生的說法是「捏造事實」（談藝錄頁 80）。錢氏持論的特點，在於他提出與韓愈同時的唐儒皮日休未嘗以韓愈喜大顛一事而懷疑其信佛；錢氏所舉的另一例證為五代時的劉昫，劉氏於《舊唐書》中曾百般苛責韓愈，〔註10〕但即便如此，卻仍稱美其攘斥佛老，且未曾就其與大顛交往一事來加以批評。錢氏認為自宋代開始，且特別是宋朝的浮圖，為固守釋教立場，乃對韓愈大加撻伐，轉注假借，此情形可以釋契嵩為代表；而宗永《宗門統要》係繼契嵩《鐔津集》所撰，故內容不實。對於韓愈與僧徒交往及贈詩等，錢氏則舉出宋儒中最注重節操的朱熹本身亦與浮圖交往，及排斥異端甚力的王安石亦引用禪語二例，反襯韓愈之行為不足詬病。錢氏所言甚有見地。

二、與其他僧徒之交往

韓愈與大顛之交往，引起後世甚多爭論，相形之下，他與其他僧徒之交往所引發的問題便少得多。〔註11〕最主要的原因是韓愈所守的排佛立場始終

〔註 9〕《禪宗集成》與《禪門逸書》收錄許多唐、宋浮屠排佛的理論實例。皆是位於佛門立場，對儒家學者——尤其是韓愈多所詆毀。

〔註10〕劉昫的標準，與歐陽修大異。歐陽修是否因戮力於古文運動的推展而對韓愈所推崇不得而知；不過《舊唐書》謂韓愈恃才恣意，有悖孔孟之旨；以及〈柳州羅池廟碑〉與〈祭鱷魚文〉涉及神怪等等。由歷史的眼光看來，恐有批評太過之虞。

〔註11〕朱子批評韓愈所交往的僧徒素養皆差，因此雖常接引，卻仍無法理會佛法妙意。他說：唐僧多從士大夫之有名者，討詩文以自華，如退之〈送文暢師序〉中所說。…或云：退之雖闢佛也，多要引接僧徒。曰：固是他所引者，又卻都是那破賴底僧，如靈師、惠師之徒；及晚年見大顛於海上，說得來闊大勝妙，自然不得不服。人多要出脫退之，也不消得，恐亦有此理也。（朱子語類卷一三九）

又曰：韓文公亦多與僧交涉，又不曾見好僧，都破落戶；然各家亦被韓文公說得也狼狽。文公多只見這般僧。後卻撞著一箇大顛，也是異事。人多說道

一致；也就是他與各個僧徒的交往或有不同，但無論明示或暗喻，甚至反諷，皆在勸說他們還俗歸儒。例如，韓愈於〈送浮圖文暢師序〉中針對文暢喜文章這一點相機進言，謂其慕聖迹，則吾儒當以聖人之道開示；故敘聖人生養教化之功，而直斥「今浮圖者，孰爲而孰傳之邪？」作爲當頭棒喝。又如〈送廖道士序〉則藉道家境界之仙邈，而意想其中必有「忠信才德之民」，卻諷「吾又未見也」，來警惕廖道士勿「迷惑溺沒於老佛之學而不出」。再如〈送高閑上人序〉中，名爲論藝，仍主闢佛；特藉草書一事，從「有觸而發」處勸誘，以見出佛法在人情物理之外，不堪爲世用。凡此諸例皆足以證明韓愈雖與僧徒交往，卻仍堅守其排佛立場。

宋儒對於韓愈與大顛以外的僧徒交往情形，有如下的看法：

（1）趙令時

趙令時《侯鯖錄》嘗載韓愈侮謔僧人的實例：

> 韓退之不喜僧。每爲僧作詩，必隨其淺深侮之。如〈送靈師〉詩：「圍棋鬥白黑，生死隨機權。六博在一擲，梟盧叱迴旋。爭戰（按：廖本、王本作「戰詩」，祝本、魏本作「爭戰」）誰與敵，浩汗橫戈鋋。飲酒盡百觴，嘲諧思逾鮮。有時醉花月，高唱清且綿。」言僧之事，乃云圍碁、飲酒、六博、醉花、唱曲，良爲不雅，可謂出醜矣。又〈送澄觀〉乃清涼國師者，雖不敢如此深詆，亦有「向風長嘆不可見，我欲收斂加冠巾」，亦欲令其還俗也。終不喜。

趙令時就韓詩舉例，說明韓愈專以人事來斥責浮圖，目的皆在勸其還俗。

（2）葉　寘

葉寘就韓愈對僧道態度的謔浪不稍寬假，〔註 12〕來證明他不信仙佛之事，並據此懷疑韓愈晚年喜大顛之事恐未可信。其言曰：

被大顛說下了，亦有此理；是文公不曾理會他病痛，被他纏說得高，便道是好了，所以有「頗聰明、識道理，實能外形骸，以理自勝」之語。（朱子語類卷三九）

〔註12〕葉寘認爲韓愈贈僧詩「俱謔浪不少假」（愛日齋叢鈔卷四）。劉克莊則提出「謔而不虐」的觀點，其言曰：唐僧見於韓集者七人，惟大顛、穎師免嘲侮。高閑草書頗得貶仰，如惠、如靈、如文暢、如澄觀，直以爲戲笑之具而已。靈尤跌蕩，至於「醉花月」而「羅嬋娟」，此豈佳僧乎？韓公方且欲冠其顛。始聞澄觀能詩，欲加冠巾；及觀來謁，見其已老，則又淒然惜其無及，所謂善謔而不爲虐者耶！（詩話、後村先生大全集卷一七三）他認爲韓愈對僧徒的態度，雖嘲侮之，卻仍留有餘地。

> 退之以攘斥佛老自任，凡送僧詩俱謔浪不少假。乃疑其晚喜大顛；
> 於神仙之事尤不肯信。（愛日齋叢鈔卷四）

他所採用的方法，與趙令時相同。

（3）陳　善

陳善細味詩意，從〈送靈師〉表面似若褒惜的態度，看出韓愈「意實微顯」的用心。此「意」自然是勸僧還俗之意圖。他說：

> 退之送惠師、靈師、文暢、澄觀等詩，語皆排斥，獨於靈似若褒惜，
> 而意實微顯，如「圍棋六博醉，花月羅嬋娟」之句，此豈道人所宜
> 為者？其卒章云：「方欲斂之道，且欲冠其巔。」於澄觀詩亦云：「我
> 欲收斂加冠巾。」此便是勒令還俗也。（韓退之詩、捫虱新話卷二）

其中勒令還俗是明白的排佛；而稱揚僧道不守戒規之舉，則是反諷式的排佛。可見韓愈排佛態度的一致。黃震也認為〈送惠師〉與〈送靈師〉諸詩，「皆敘其游歷勝概，終律之以正道。」（黃氏日鈔卷五九）可為佐證。

由前述可知，宋儒對於韓愈與其他僧徒交往一事看法大致相同，認為韓愈侮謔浮圖，其目的在勸諸僧還俗。

第二節　觀佛書、用佛語的辯證

一、觀佛書

宋儒針對韓愈〈與孟尚書書〉、〈送高閑上人序〉等文中一些涉及人生觀的語句，就韓愈是否信佛一事作了下述的辯證。

（1）司馬光

司馬光說：

> 世稱韓文公不喜佛常排之。余觀其〈與孟尚書書〉論大顛云：「能
> 以理自勝，不為事物侵亂。」乃知文公於書無所不觀，蓋嘗遍觀佛
> 書，取其精粹而排其糟粕耳。不然，何以知「不為事物侵亂」為學
> 佛者所先耶？今之學佛者，自言得佛心，作佛事，然曾不免侵亂於
> 事物。則其人果何如哉？（書心經後贈紹鑒、溫國文正司馬公文集
> 卷六九）

司馬溫公就「以理自勝，不為事物侵亂」一句富有哲學意味的話，判定韓愈

對於佛書不但嘗遍觀之，並能汰粕存精，深得浮圖之旨。不過，韓愈這句話中之境界於儒、道亦皆可達成，非必觀取佛書方能領悟。同時，縱然遍觀佛書甚且深識佛理，都與其是否信奉佛教無直接的關係，不可不察。

（2）馬永卿

馬永卿引述友人王彥法的論點，認爲韓愈實深明佛意，故反對世人所謂退之不好佛的說法。嘗曰：

> 僕友王彥法善談名理，嘗謂世人但知韓退之不好佛，反不知此老深明此意。觀其〈送高閑上人序〉云：「今閑師浮圖氏一死生解外膠，是其爲心，必泊然無所起；其於世，必淡然無所嗜。泊與淡相遭，頹墮委靡潰敗不可收拾。」觀此言語，乃深得歷代祖師向上休歇一路。其所見處，大勝裴休。且休嘗爲〈圓覺經序〉，考其造詣，不及退之遠甚。唐士大夫中，裴休最號爲奉佛，退之最號爲毀佛，兩人所得（之）淺深乃相反如此。始知循名失實，世間如此者多矣。（懶真子卷二）

馬氏僅憑〈送高閑上人序〉中數語，遂推崇韓愈深得歷代祖師向上休歇一路，似有推尊太過之失。因爲這些道理皆俗常之見，未必須深觀佛書始得此識。並且可再觀察該文底下一句：「泊與淡相遭，頹墮委靡潰敗不可收拾。」本句根本是反對淡泊之意。因高閑上人善於書法，韓便以書法爲例來說明若不能存乎一心，淡泊無欲必然會達到委頓的地步。〔註13〕韓愈藉書法之用心來駁斥浮圖之清心無心，結果反被後人誤認爲喜好禪理，豈不謬哉？

（3）陳　善

陳善引《宗門統要》之記載，謂韓愈自稱嘗觀佛書。陳善云：

> 予讀《宗門統要》，初憲宗迎佛舍利入大內供養，夜放光明。早朝宣示群臣，皆賀陛下聖德所感，惟文公不賀。上問：「群臣皆賀，惟卿不賀，何也？」文公奏：「微臣嘗看佛書，見佛光非青黃赤白等相，此是神龍護衛之光。」上問公：「如何是佛光？」文公無對。因以罪

〔註13〕韓愈利用高閑上人善書這一點，發表他從心性上排佛的主張。以爲儒家經義事功，皆務用心；而浮圖淡泊無心，終必委頓，一事無成。其言曰：爲旭有道，利害必明，無遺錙銖，情炎於中，利欲鬪進，有得有喪，勃然不釋，然後一決於書，而後旭可幾也。今閑師浮屠氏，一死生，解外膠，是其爲心，必泊然無所起，其於世，必淡然無所嗜。泊與淡相遭，頹墮委靡潰敗不可收拾，則其於書得無象之然乎。

請出。（韓文公參大顛、捫虱新話卷三）

他所根據的資料，乃佛徒所撰，其可信度如何，頗令人懷疑。前文已有辯解，此處不再深究。

（4）俞文豹

俞文豹也嘗觀《宗門統要》。他說：

> 至於佛法，亦復屑意。〈答孟簡書〉云：「潮州有僧號大顛，頗聰明、識道理。召至州郭，留十數日，實能外形骸、以理自勝，不爲事物侵亂。與之語，雖不盡解，要自胸中無滯礙，以爲難得。因與往來。及祭神海上，遂造其廬；來袁州，留衣服爲別。（文豹）見《宗門統要》記公與顛問答，疑其誕謾。觀公此書，似不誣也。（吹劍錄、吹劍錄全編）

俞氏本對《宗門統要》所記載韓愈與大顛的問答感到懷疑，認爲荒誕，與韓文公平日言行不符。及至觀〈與孟尚書書〉中對大顛的譽美，始覺不誣。撇開韓愈本人文章的內容意旨不論，《宗門統要》十卷卻是宋朝宗永和尚所撰，其可信度值得懷疑，前述中已提及。

（5）羅大經

羅大經認爲韓愈與歐陽修二人皆不曾深觀佛書，故僅能攻佛家之皮毛。其言曰：

> 老莊何嘗貪生？瞿曇何嘗畏死？貪生畏死之說，僅足以排方士而已。韓文公、歐陽公皆不曾深看佛書，故但能攻其皮毛。唯朱文公早年洞究釋氏之旨，故其言曰：「佛說盡出老莊。今道家有老莊書不看，盡爲釋氏竊而用之。……」此論窺見其骨髓矣。然非特文公之言爲然。唐傅奕曰：「佛入中國，嬾兒幼夫，模象莊老以文飾之。」則固已知其出於老莊矣。（鶴林玉露卷十）

姑且不論韓愈攻詰浮圖畏死之說的內容；羅氏雖未舉例證明，但確實肯定韓愈嘗觀佛書。

綜上所述，宋儒對於韓愈深識佛理與否雖有不同的看法，卻都肯定韓愈曾觀佛書。事實上，無論韓愈信佛與否，其遍覽佛書甚且深識佛旨均屬合理，否則如何針對浮圖而加以排詆？因此不應就其觀佛書、明佛意，遂認爲韓愈信佛。

二、運用佛教術語

除了觀佛書外，宋儒對於韓愈〈嘲鼾睡〉（韓昌黎詩繫年集釋卷六）二詩中引用佛教術語，從而認為韓愈可能信佛。對於這個問題的看法，有些學者則根本認為該二詩屬偽作，如周紫芝及葛立方：

（1）周紫芝

周紫芝認為韓愈未曾用佛家語入詩，持此觀點可判斷其列入遺文的〈嘲鼾睡〉二詩乃偽作。他說：

> 世所傳退之遺文，其中載〈嘲鼾睡〉二詩，語極怪譎。退之平日未嘗用佛家語作詩，今云「有如阿鼻尸，長喚忍眾罪。」其非退之作決矣。又如「鉄佛聞皺眉，石人戰遙腿（叢書集成本作『體』）」之句，大（叢書集成本作『太』）似鄙陋，退之何嘗作是語？小兒輩亂真，如此者甚眾，烏可不辨？（竹坡詩話）

既不肯運用佛家語，則是否信佛一事便值得懷疑。

（2）葛立方

葛立方的態度較周紫芝愈加強烈。他指稱若以〈嘲鼾睡〉詩為真，則是對韓愈的「厚誣」。他說：

> 所謂「有若阿鼻屍，長喚忍眾罪；鉄佛聞皺眉，石人戰搖腿」等句，皆不成語言，而厚誣退之，不亦冤乎？（韻語陽秋卷一）

周葛二人皆以〈嘲鼾睡〉詩為例，對於「阿鼻」、「眾罪」等佛家術語的應用發生懷疑；並視此詩文句鄙陋，必非善於文辭的韓愈所作。證諸韓愈其它詩文，未見其運用佛語之例，故二人對〈嘲鼾睡〉詩之懷疑，良有以也。不過清方世舉對周葛二儒的看法不以為然，他說：

> 〈嘲鼾睡〉二詩，周紫芝以用佛語辨之，是則拘墟之見。朱子詩中有〈晨起讀佛經〉五古，未嘗去之。不從其道而偶舉其事文，于義無失。況嘲僧用之，即其所知以為言，有何不可？專指鄙俚，則近似之。然鄙俚中文詞博奧、筆力峭折，未必非昌黎遊戲所及。昌黎外誰能之耶？李漢不編，亦方隅之耳目。後人非之，則為聾瞶。余今辨其所辨，以為奇奇怪怪，不主故常者，存一疑案。（韓昌黎詩繫年集釋引方世舉曰）

其論述較為客觀。〈嘲鼾睡〉是否出於偽作固為一疑案，而排佛之人必不得引

用佛家術語亦有失公允，這和前述觀佛書一事道理相同。

附帶一提的是，陳善曾引李翱學佛之事來責難韓愈，懷疑韓愈只唱歎「籍、湜輩自叛其教」，卻未嘗論及李翱之。藉此反襯出韓愈本身也可能有信佛之舉。（參見《捫蝨新話》卷三，「李翱學佛」條）不過，若韓愈果因信佛遂不謂李翱叛儒，何以又慨歎張籍、皇甫湜之信佛？因此陳善這種說法與前述觀佛書、用佛語即可能信佛一樣，均不夠客觀。

在觀察韓愈與僧徒的交往以及取用佛書佛語與否等現象之後，可再進一步觀察他排佛的實際措施。

第三節　排佛的措施與功績

韓愈終身用力於闢佛老，嘗曰：「僕有得聖人之道而誦之，排前二家有年矣。」（答張籍書、韓昌黎文集校注本卷二）在他之前雖有排佛老之議，然在理論上未能切中佛老要害，故聲勢不彰。至韓愈乃大張旗鼓，口誅筆伐，不遺餘力；不但接納張籍的意見，寫出〈原道〉、〈論佛骨表〉、〈與孟尚書書〉等理論性的文章，申明排擊之理由及對付方法，也將其呼籲付諸實行。在與僧徒之交往方面已如前述，也達到某種程度的效果；蓋「聞而疑者」固多，「然從而化者亦有矣」（答張籍書、韓昌黎文集校注本卷二）。例如與韓愈唱和的詩人賈島，本為浮圖無本師，後即因韓之勸誘而還俗。

另一方面，韓愈更積極主張宗孔孟與明儒道。他曾自陳其為學標準：「非三代兩漢之書不敢觀，非聖人之志不敢存。」（答李翊書、韓昌黎文集本卷三）此語雖未免矯枉過正，也未必全符事實；然若視為韓愈平日之存心，則亦相去未遠。此處所說三代兩漢之書，主要是指六藝等聖人典籍，亦即儒家載道之器；聖人之志，則指孔子明道致用之志。韓愈不僅存心如此，行事亦大抵符合其言。當被貶潮州時，大力興學以明教化，此即孔子所謂「導之以德、齊之以禮」理想的具體實踐。（潮州請置鄉校牒、韓昌黎文集校注本文外集卷上）〈處州孔子廟碑〉一文亦為韓愈宗孔明道之例，文中韓愈尊孔子與社稷等齊，盼其得祀於天下。關於這一點，杜牧讚曰：「自古稱夫子者多矣。稱夫子之德，莫如孟子；稱夫子之尊，莫如韓吏部。」（樊川文集卷六，書處州韓吏部孔子廟碑陰）而且韓愈不僅本身宗孔祀孔，也大為稱揚其友柳宗元能「興修孔子廟」（柳州羅池廟碑）。由此可見出韓愈弘揚儒道於天

下之一斑。

綜觀韓愈與僧徒交往及觀佛書之情形，再加上其排佛興儒之具體事蹟，可知韓愈排佛的立場始終一致。以下就宋儒對韓愈以排佛爲己任及其排佛功績之見解分別說明：

一、以排佛爲己任

（1）歐陽修

歐陽修比較韓柳，發現二人爲「道」有夷夏之別。韓力排佛老，以之爲己任；柳則十分崇信佛教，認爲有與儒家相通之處。雙方立場迥異。若依韓愈一般的態度，必然會對柳宗元或明或暗地駁斥，並試圖說服他不再信佛。然而韓昌黎對此竟未曾譏評，且於文章中每每對柳子厚稱揚備至。歐陽修因而懷疑道：

> 豈以其名並顯於世，不欲有所貶毀，以避爭名之嫌而其爲道不同，雖不言，顧後世當知之歟？不然，退之以力排釋老爲己任，於子厚不得無言也。治平元年三月廿二日書。（右眞蹟）（唐柳宗元般舟和尚碑、歐陽修全集卷六、集古錄跋尾二）

此處且不論韓愈不批評柳宗元之原因，「退之以力排釋老爲己任」一句，已充分顯示歐陽修對韓愈排佛持肯定態度。

（2）邵　博

郡博稱美韓愈篤志排釋老，以尊聖人之道。謂：「自孟軻、揚雄沒，傳其道而醇者，唯韓愈氏而已。」（邵氏聞見後錄卷十三）儘管邵博認爲韓愈對孟子以爲「功不在禹下」是稱譽太過，從而衍生其「聖人之道，不爲一人而廢、一人而興」的歷史觀；不過他也肯定韓愈是以排佛老爲職志。

（3）李　石

李石以孔子輔成中國之治，而後之所謂攻異端者，即恐異端害治，認爲韓愈便執此觀點以排釋老「漢唐諸子以六經所出，尊孔子之教，併取二氏者排斥之，韓愈是也。」（釋老論、方舟集卷九）舉韓文公爲漢唐以來排佛老第一人，可見十分推重。

（4）王禹偁

王禹偁嘗撰〈三諫書〉，乃因「見前代理亂之源，覽昔賢諫諍之語；念空

文之未泯，痛直道之難行。」（三諫書序、小畜集卷十九）故引唐人章疏三篇，來勸諫君王，興救時弊。這三篇分別是：劉蕡〈崇讓論〉、韓愈〈論佛骨表〉及杜佑〈併省官吏疏〉，皆是有關政教及國計民生方面者。他推重韓文的緣故，在於「以齊民頗耗；象教彌興，蘭若過多，緇徒孔熾。蠹人害政，莫甚於斯。」（三諫書序、小畜集卷十九）由此可見，在北宋時，佛教耗民害政的情形仍然十分暴烈；因而韓愈諫迎佛骨的勇力愈顯珍貴。同時，從王禹偁此文亦可看出他對於韓愈的稱揚是針對其力闢佛老一事。

二、排佛之功績

（1）孫　復

孫復嘗謂佛老盛極一時，若非韓文公排之，則天下之人將胥而爲夷狄。（參見儒辱、孫明復小集卷三）由此可見韓愈排佛之功厥偉。

（2）石　介

石介亦稱揚韓愈排釋老，於道大有功。其言曰：

> 介讀青州劉騭〈韓吏部傳論〉曰：憲宗迎佛骨，群臣無敢言者，獨吏部論之。走南荒八千里，此豈利於身？利於道也。介於此知吏部之功也。……曰：史臣謂排釋老，於道未大，不知大其道者復何也？介於此知吏部之尊也。（辯謗、徂徠石先生全集卷八）

（3）宋　祁

宋祁爲韓愈作傳，其末贊文公排佛老之功，與孟子等齊，而勇力倍之。其言曰：

> 自晉迄隋，老佛顯行，聖道不斷如帶。諸儒倚天下正議，助爲怪神。愈獨喟然引聖，爭四海之惑，雖蒙訕笑，跲而復奮，始若未之信，卒大顯於時。昔孟軻拒揚、墨，去孔子才二百年。愈排二家，乃去千餘歲，撥衰反正，功與齊而力倍之，所以過（荀）況、（揚）雄爲不少矣。自愈沒，其言大行，學者仰之如泰山、北斗云。（韓愈傳、新唐書卷一七六）

（4）蘇　軾

蘇軾讚美韓愈得以配饗孟子，乃因排佛有功。嘗曰：

> 自漢以來，道術不出於孔氏而亂天下者，多矣！晉以老莊亡，梁以佛亡，莫或正之。五百餘年而後得韓愈。學者以愈配孟子，蓋庶幾

焉。（六一居士集序、經進東坡文集事略傳卷五六）

（5）張　景

張景以韓愈排釋老乃出於不測而垂之無窮。其言曰：

> 夫至道潛於至誠，至誠蘊於至明。離潛發蘊，甚至而不知所至者，非神乎哉！堯舜之揖讓，湯武之征伐，周公之制禮樂，孔子之作經典，孟軻之拒揚墨，韓愈之排釋老，大小雖殊，皆出於不測，而垂於無窮也。（柳如京文集序、宋文鑑卷八五）

（6）羅　璧

南宋羅璧嘗標舉韓愈，謂爲學宜識其大者。其言曰：

> 六經後子書，皆昔人垂世之言。惟《孟子》爲經者，談王道、貴仁義也。韓、柳並稱，昌黎獨得祀孔庭者，闢佛老、扶正道也。（識其大者、羅氏識遺卷四）

《孟子》得以列爲經典，因其倡「王道」、「仁義」之說；昌黎得以配饗孔廟，在於闢佛老、扶正道之功。

　　上舉六人分別自不同觀點推崇韓愈的排佛。其中孫復、石介二人的排佛，依葉夢得的說法，受韓愈影響極深。他說：「國初諸儒，以經術行義聞者，但守傳注，以篤厚謹修表鄉里。自孫明復爲〈春秋尊王發微〉，稍自出己意。守道師之，始唱爲闢佛老之說，行之天下。」（葉夢得《避暑錄話》卷上）此外，葉氏又認爲歐陽修的排佛也受韓愈影響頗大，不過這其中尚透過石介的大力說服。葉氏云：「文忠初未有是意，而守道力論其然，遂相與協力，蓋同出韓退之。」（同上）孫、石、歐三儒，受韓愈影響較深，自極力推崇韓愈之排佛；大體而論，宋儒對於韓愈排佛之功過多持正面性的看法，亦即肯定其排佛的功績。

　　大致說來，韓愈一生皆戮力於排佛老、興儒道。關於他晚年是否崇信釋氏的爭辯，一千多年來始終未能平息。儘管他的文章可能有爲自己迴護之嫌，但是從現存唐及五代的文獻中，尚未發現有關他信佛的記載[註14]。若云「文獻不足徵」，但憑現存跡象仍可做爲他並未信佛的有力依據。雖然韓愈在排佛

〔註14〕唐李肇《國史補》中對於韓愈的描寫甚多，諸如文筆奇詭、〈毛穎傳〉具史才、引致後進、反應靈敏、說話得體，以及有關韓愈登華山受困之事等。由於其自各方面描述韓愈種種行蹟，而獨未提及韓愈事佛之說，因此或可作爲推論韓愈未曾事佛之參考。

的實踐方面有其瑕疵，頗受後人攻詰；不過，為人處世的標準往往隨時代而變，若從宏觀角度將韓愈置於整個歷史脈絡裡，則他所代表的意義，必然有其深刻性；這也就是宋儒在綜論韓愈一生功過時，仍舊予以肯定之故。

　　韓愈排佛，僅針對社會弊端加以攻擊，停留在較表面的層次；至於較深入的批評，則有待宋儒始從心性上直透單微〔註15〕，一方面使排佛更為徹底，一方面本身也講究修養功夫，使儒學的發展更蓬勃。宋儒較諸韓愈，可算是學術上後出轉精的實例。

〔註15〕錢賓四先生闡明自韓愈以後，排佛理論更趨精密的過程。雖不廢韓愈啟導之功，但也特別分析宋儒「從人心直透單微處來排佛」這一點。參見《宋明理學概述》頁 352。

第三章　韓愈師道說之形成

第一節　復興儒學與師道

韓愈篤信儒學，對孔孟提出的學理莫不遵奉；相形之下，中唐儒學顯得極爲衰落，韓愈乃以興揚儒家傳統自任。

一、儒學傳統

韓愈家學淵源，從小即受到洙泗之學的影響，然而他對儒學的服膺似乎特別強烈，曾自言：「愈儒服者，不敢用他術干進。」（上賈滑州書、韓昌黎文集校注本文外集上卷）又曰：「其所讀皆聖人之書，楊墨釋老之學無所入於其心。」（上宰相書、韓昌黎文集校注本卷三）不管韓愈在爲人處世上，是否受到其他諸子百家的影響，在他自己主觀的判斷中，認爲自己信服儒學，十分純正，「非聖人之書絕不敢觀」，這裏所說的聖人之書，自然指的是孔子所刪定的六經；而在相傳的儒門聖賢中，韓愈特別推尊孔子爲聖人。〈請上尊號表〉（韓昌黎文集校注本卷八）及〈答劉秀才論史書〉（韓昌黎文集校注本文外集上卷）皆載，以孔子爲儒家的代表，其道大而能博（送王秀才序、韓昌黎文集校本卷四），其賢遠過於堯舜，自有生民以來未有能及之者（處州孔子廟碑、韓昌黎文集校注本卷七）。在聖人光輝照耀之下，韓愈深歎不得與於孔門弟子之列，而羨顏回得聖人以爲依歸（與李翱書、韓昌黎文集校注本卷三）。孔子事業首在教育，爲千秋萬世人師之表率；且他對於人師的資格又多所闡述，論點十分明確；而在儒家傳統中，師乃「道」的實際推動者、代表者。由於這些因素，所以韓愈既尊孔，亦必尊師。以下試析論之：

（一）孔子爲師之表率——孔子教弟子三千餘人，除了有教無類、因材施教，堪爲範式外，其與巫醫、百工、樂師迥異者，在於除了授業、解惑之外，還能教人以道。而且孔子更能以「學不厭，教不倦」的人格，充分將「道」表現出來，因此後世乃尊之爲「萬世師表」、「至聖先師」。道的內涵，簡言之，只是一「仁」字，可見諸《孟子》盡心下章「仁也者，人也，合而言之，道也。」直到孔子所以爲教後，斯道乃得以弘揚；也直到孔子自覺的體驗，乃得爲學生樹立足堪效法的人格模範，這也就是「師」。韓愈雖生於孔子後千餘年，但對於孔子之嚮往，幾乎與當初七十弟子之服膺孔子沒有兩樣。

（二）孔子有關師道的論點——孔子除了是最成功的老師外，他還對「師之所以爲師」，有所論述，如云：「溫故而知新，可以爲師矣。」（論語爲政）朱注：「言學能時習舊聞，而每有新得，則所學在我，而其應不窮，故可以爲人師。」論及爲學態度，則以「三人行，必有我師焉。」（論語述而）自期，子貢因而讚歎道：「夫子焉不學？而亦何常師之有？」（論語子張）孔子並以「當仁，不讓於師。」（論語衛靈公）作爲師弟關係中出處進退的準則。換言之，師與弟子的倫理關係，並不是建立在血統、地位、婚姻等先後關係上面，而是以「仁」作聯繫兩者之臍帶，師以「仁」教，弟子乃學「仁」。所以在必要時，自然可以不讓於師。

韓愈一生對孔子至爲推重，他的師道觀念也多源於孔子。如「弟子不必不如師，師不必賢於弟子」、「聖人無常師」的說法，顯然即「三人行，必有我師焉」之意。又如韓愈嘗云：「孔子刪詩書、筆削春秋，合於道者著之，離於道者黜去之，故詩書春秋無疵。」（讀荀子）此段所說是否合於史實，姑且不論，但韓愈謂孔子刪削經典皆本於道，而「道」亦即孔子所謂之「仁」（按：韓愈亦嘗以「仁」替「道」，見〈請上尊號表〉）。其具體的展現則在六經。韓愈無疑地也是想師法孔子之言，因此才有此「宗經」「徵聖」的觀念。孔子作爲人師的人格典範，與孔子對於師道的主張，給予韓愈很大的鼓舞以及奮發倡揚師道的壓力。除此以外，儒家傳統與師道的密切關係，以及師道在儒家體系裏的地位，也不能不予以注意。儒家的思想雖然成於孔子，但在孔子以前已有儒者的活動；《漢書‧藝文志》認爲儒家源於管教育的司徒之官，這種說法當然不免過於簡化，因此招來後人的懷疑。〔註1〕然而，儒者的產生和教

〔註1〕胡適〈諸子不出於王官論〉謂：「九流無出於王官之理也。周官司徒掌邦教；儒家以六經設教，而論者遂謂儒家爲出於司徒之官。不知儒家之六籍，多非司徒

育有關係，尤其與傳播禮樂的活動有關，這點大概是可以成立的。從孔子以後，儒者雖或爲帝王師，或教化鄉里，其職業活動顯然趨於多元化，但教育大抵仍是他們主要的範圍，人師則爲他們免不了的職業；即使身負政治、軍事、社會重責的人，仍然懷抱教化下屬的理想。這種源遠流長的傳統，是理解韓愈師道說所不能忽視的。

其次，大的宗教或思想派別，除了要有「創始人」作爲精神上嚮往的人格模範，以及有「經典」，作爲歷史傳承中的理論依據外，也需要有傳播思想內涵，使經典意義具體化的「傳播者」。「人能弘道，非道弘人」，沒有了傳播者，理論終究不能落實。這些傳播者，在道教，爲道士；在佛教，爲僧侶；在儒家，則爲人師。因此，對儒家來說，「師」絕對不僅於職業的意義，更重要的是他必然要負有承擔儒家理想的使命。這也就是爲什麼韓愈在提出老師要授業、解惑外，更需傳道；進而認爲「道之所存，師之所存也。」（師說、韓昌黎文集校注本卷一）他已將師道的重要性，提昇到無與倫比的地位。

二、師弟關係與學校教育

然而僅正面觸及韓愈對於師道的嚮往，仍不足以窮究提倡它的精神動力；唯有透過理想與現實對照所產生的距離，以及距離對韓愈精神所帶來的痛苦與壓力，才比較能全面地掌握韓愈提倡師道的意義，所以底下且再觀察韓愈所處的時代背景，中唐儒家的現況如何？這又可分別從孔子與老師的地位兩點來討論。

（一）孔子的地位

據《新唐書‧禮樂志》的記載，自貞觀四年即詔令全國州縣官學皆建置孔廟，十一年追尊孔子爲宣父，廿一年又詔許先儒廿二人從祠；且終唐之世，釋奠禮制均以孔子爲先聖，顏回爲先師，配享孔子。〔註2〕釋奠禮後，天子復

之官之所能夢見。此所施教，固非彼所謂教也。」（胡適文存第一集卷二、頁256）
〔註2〕禮記文王世子：「凡始立學者，必釋奠于先聖先師。」可知自從禮記指出天子立學，必須釋奠于先聖先師後，即成爲漢以來歷代遵循之法。唐代釋奠禮制的建立，是在高祖武德、太宗貞觀時代。釋奠的對象：武德七年以周公爲先聖、孔子爲先師，即以孔子配周公。（詳見唐會要卷三五「褒崇先聖」條、「釋奠」條，以及新唐書卷十五「禮樂志」，冊府元龜卷六〇四「學校部、奏議條」）貞觀二年，從房玄齡、朱子奢之議，改以孔子爲先聖、顏回爲先師，即以顏回配享孔子。（詳見唐會要卷三五「褒崇先聖」條，貞觀政要卷七「崇

請學官講論經文，質疑問難，以收切磋之效。《唐會要》卷三五〈釋奠〉條云「貞元二年二月，釋奠。自宰臣已下，畢集於國學。學官升講座，陳五經大義，及先聖之道。」此處僅係泛舉，然終唐之世，朝廷祭孔子未衰，所以此處所說，實可代表一般狀況。陳五經大義，即尊儒；陳先聖之道，即陳孔子之道，亦即尚師。由此看來，天子似乎頗爲尊孔。而據當時的記載，祭享先師後的講學，似乎也是人才濟濟，聽者歡喜，所謂「沒階雲來，即集鱗居，攢弁如星，連襟成帷。」〔註3〕

然而值得注意的現象是：釋奠禮後官方的講學，參加者除了儒門學者外，釋、老二家亦有代表，形成了所謂的「三教講論」。此講論原本在儒家的釋奠禮後所舉行，然其講論的內容，卻往往偏於佛道教義之闡發，不見儒家學說之辯識。且觀《集古今佛道論衡》卷丙，述高祖武德七年三教講論之狀：〔註4〕

> ……於時五都才學，三教通人，榮貴宰伯，臺省咸集。天子下詔曰：
> 老教孔教，此士元基；釋教後興，宜崇客禮。今可老先次孔，末後
> 釋宗。……

置老於孔前，可見李唐自開國起，即崇尚道家，尊孔只是紹承舊例而已。太宗時，三教講論的結果，開明佛法，以美名歸於釋氏。代宗亦崇佛。德宗時，三教講論採儒對佛、佛對道的問難方式。憲宗時，以僧辯章署爲三教首座；

儒學」第二七條）自從開元廿年，完成開元禮後，有關釋奠禮制的規定，祭祀的對象以孔子爲先聖、顏回爲先師。終唐之世，皆延襲此制。

〔註3〕語出《歐陽行周文集》卷五〈太學張博士講禮記〉。爲韓愈好友歐陽詹描述貞元十四年釋奠禮後天子講學的盛況。

〔註4〕試舉唐代嘗舉行三教講論之帝王當時的情形，來分別觀察：
(1)高祖——講論內容爲佛道於「法」之論難，結果儒家以善口辯而蒙贊許。
(2)太宗——爲佛經中序第分法之問答，結果儒、佛兩家代表並笑語諧謔，使「皇儲怡然大笑，合座歡躍」。(3)高宗——爲僧、道就老子化胡經一書眞僞來討論。(4)玄宗——由釋、道受人控訴而起，講論有似公開審訊，「貴鉗利口，以解疏狂」。(5)德宗——有僧人阿諛皇帝之辭；並言儒者與僧嘲謔，以此承恩。(6)憲宗——以僧人署三教首座。(7)文宗——儒家代表白居易嘗作「三教論衡」一文，然陳義平淡，乃應制之公文。(8)宣宗——講論結果，大悅帝情，使廢寺重建、梵刹大興。(9)懿宗——以倡優爲戲，講論已成爲宮中喜慶之餘興節目。由以上九點，可知唐代三教講論的內容乏善可陳，僅圖口辯之逞；即或稍有內涵者，卻都偏於佛道教義之爭；於儒家五經大義、聖賢之道，可謂毫未涉獵——此處所依據者，爲羅香林著《唐代文化史》「唐代三教講論考」一文中所引《集古今佛道論衡》一書。由於書係敦煌本，無處得觀，故僅用轉引材料。

元和年間，辯章嘗爲憲宗主持迎佛骨供養，其時的職銜即爲「三教談論」。武宗崇信道教，毀天下佛寺。至宣宗時，復以沙門爲三教講論之首座，盛揚佛法。由此可知，終唐之世，儒非獨尊，朝廷雖有尊孔之名，然實際崇揚佛、道。至於在學術領域及民間的信仰方面，唐代佛教鼎盛，諸宗並興，儒家則進入歷史上的平淡期，此點論者已多，故不再贅述。

（二）老師的地位

中唐時期老師的地位如何？此可先從唐代律法來看：唐律規定，對於毆打師長者，嚴懲不貸。《唐律疏義》卷廿三、鬥訟三云：

> 即毆傷見受業師，加凡人二等；死者，各斬。（註云：「謂伏膺儒業，而非私學者。」）

> 疏議曰：禮云：「凡教學之道，嚴師爲難，師嚴道尊，方知敬學。」如有親承儒教，伏膺函丈，而毆師者，加凡人二等；死者，各斬。稱各者，并毆繼父至死，俱得斬刑。注云：「謂伏膺儒業，而非私學者」，儒業謂經學；非私學者，謂弘文、國子、州縣等學；私學者，即禮云：「家有塾，遂有序。」之類，如有相犯，並同凡人。

> 問曰：「毆見受業師，加凡人二等」；其博士若有高品，累加以否？

> 答曰：「毆見受業師，加凡人二等」；先有官品，亦從品上累加。若鬥毆無品博士，「加凡人二等」，合杖六十；九品以上，合杖八十；若毆五品博士，亦於本品上累加之。

可見官學法律保障人師，所鬥毆的博士品等越高，學生所受的懲罰越重；若毆斃受業師，則處死。務求達到《禮記學記》所謂「師嚴道尊」之宗旨。

然而事實上，弟子對師的態度是否恭敬呢？法律的規定，可能只是代表朝廷對倫理規範消極性的防範措施，不見得能代表實際上普徧的尊崇。而由當時人的記載看來，答案恐怕是否定的。且看以下有關韓愈當時的材料：

> 馮伉爲國子祭酒。憲宗元和元年四月，伉奏……有其藝業不勤、遊處非類、樗蒲六博、酗酒喧爭、凌慢有司、不脩法度，有一於此，竝請解退。（冊府元龜卷六〇四、學較部、奏議三）

> 鄭餘慶爲太子少師，判國子祭酒事。元和十三年十一月，餘慶以太學荒墜日久，生徒不振，遂奏請率文官俸祿，脩廣兩京國子監，時論美之。（冊府元龜卷六〇四、學較部、奏議三）

從元和年間（甚至元和以前，風氣恐已不佳；因爲馮伉是在元和元年上的奏議。）太學生鄙薄人師的情形，可以見出學風敗壞之一斑。柳宗元也曾爲此風氣作證，其觀察與馮伉、鄭餘慶所說，幾乎無甚出入：

> 始僕少時，嘗有意遊太學，受師說，以植志持身焉。當時說者咸曰：「太學生聚爲朋曹，侮老慢賢，有墮窳敗業，而利口食者；有崇飾惡言，而肆鬥訟者；有凌傲長上，而詈罵有司者；其退然自克，特殊於眾人者無幾耳。」僕聞之，恟駭怛悸，良痛其遊聖人之門，而眾爲是嗒嗒也。遂退託鄉閭家塾，考厲志業，過太學之門而不敢踦顧，尚何能仰視其學徒者哉？（與太學諸生喜詣闕留陽城司業書、柳河東集卷卅四）

由此可見在學生心目中；嚴師之尊已蕩然無存；即令嚴刑峻罰（已見前言），亦無濟於事。社會中既已無從師之人；因此如或有一人違俗行之，則群眾必聚而笑之；群眾既笑之，則從師者未嘗不自以爲恥。由師位之不受重視，也可反映出師道孔學之不傳，已到了極其嚴重的地步。

又：官學中，師之薪俸曾屢次增加，〔註5〕此種現象似乎代表朝廷尊師

〔註5〕 唐代教師屬政府編制，薪俸依官俸發給。朝士俸祿，由正、從一品至九品，每品又列爲上下，計分三十六級配薪。其制爲——俸爲錢，按月計；祿給米，以歲計。根據《舊唐書》卷四四職官志三，《通典》卷四十職官廿二秩品五，以及《新唐書》卷五五食貨志五，《唐會要》卷九一內外官料錢，《資治通鑑》卷二三三等材料，分別就開元廿四年（736）、大曆十二年（777）、貞元四年（788）教師的月俸爲例，作一對照表：

學官名　品秩	開元廿四年	大曆十二年	貞元四年
國子監祭酒（從三品）	十七貫	五十貫	八十貫
國子學博士（正五品上）	九貫二百文	廿五貫	卅五貫
太學博士（從六品上）	五貫三百文	十二貫	廿五貫
四門博士（正七品上）	四貫一百文	十二貫	廿五貫
太學助教（從七品上）	四貫一百文	四貫一一六文	二十貫
四門助教（從八品上）	二貫四七五文	二貫四七○文	十六貫
律學博士（從八品下）	二貫四七五文	二貫四七○文	四貫
算書學博士（從九品下）	一貫九一七文	一貫九一七文	一貫

由上表可大略得知唐代學官之薪俸屢增的現象。增俸的數目大略與官品的高低成正比；亦即品秩愈高，增俸愈多。

崇儒。然事實上自安史之亂後（正當韓愈之時），社會經濟崩潰，生活用度日高，韓愈貴爲國子博士時，曾歎息「祿不足以活身」〈祭薛助教文〉；而中唐時地方教育亦不足用度，僅可資三獻官飾衣裳、飴妻子而已；〔註6〕而這樣的經費已超過四千萬，〔註7〕可見當時通貨膨脹的劇烈。由此得知，當時師之待遇名義上雖有調整，實質上仍然菲薄，尤其社會地位並沒有因薪俸已調整而提高。

　　前項所述，旨在說明中唐儒家思想的衰落現象，弟子對師輕慢不恭，造成師位低落，人皆恥而爲之。以下擬更進一步從考試制度中了解唐代的學風，亦即經由科舉考試的背景，反映出儒家師弟關係的眞實面貌。可分別從其方式和內容兩方面來考察。

三、科舉制度下的學風

　　科舉考試的方式，對唐代學風造成很大的影響，與本文關係較深的，則爲下列幾種現象：

　　（一）學官多承資廕——韓愈曾批評當時的學官道：「近年吏部所注，多循資敘，不考藝能，至今生徒不自勸勵。」〈國子監論新注學官牒〉（韓昌黎文集校注本卷八）因此建議：

> 今請國子館並依六典，……其四門館亦量許取無資廕有才業人充；
> 如有資廕不補學生應舉者，請禮部不在收試限；其新補人有冒廕者，
> 請牒送法司科罪。（請復國子監生徒狀、韓昌黎文集校注本卷八）

　　（二）學官或由浮薄進士擔任，致使士風大壞——此可從唐代奏勑中見其端倪：《冊府元龜》卷六四〇貢舉部、條制二載：

> 憲宗元和二年十二月壬申，禮部貢舉院奏……勑：自今以後，州
> 府所送進士，如迹涉疎狂、兼虧禮教，或曾爲官司科罰，或曾任

〔註6〕劉夢得文集卷廿五〈奏記丞相府論學事〉嘗記載：今之膠庠，不聞絃歌；而室廬圮廢，生徒衰少。非學官不欲振舉也，病無貲財以給其用。……舉天下之郡縣，……凡歲中所出於經費過四千萬，適資三獻官飾衣裳、飴妻子而已，於尚學之道無有補焉。

〔註7〕大曆十二年，楊綰爲相，顏魯公爲刑部尚書。當時尚書月俸六十貫，而竟舉家食粥。《困學紀聞》卷十四「魯公乞米帖言食粥」云：「顏魯公爲刑部尚書，有舉家食粥之帖（魯公乞米帖云：『拙於生事，舉家食粥來已數月，今又罄矣，實用憂煎。』）蓋自元載制祿，厚外官而薄京官，京官不能自給，常從外官乞貸。楊綰既相，奏加京官俸，魯公以縮薄，自湖州召還，意者俸雖加而猶薄歟！

州府小吏，一事不令入清流者；雖薄有詞藝，并不得申選入。如舉送以後事發，長吏停見任，及已停替者殿二年；本試官及司功官并貶降。

以上兩點雖所述不同，議論各異，然皆指向了共同的一個結論，那就是：師資不佳。由此也可知唐代士子不重其師，一方面固然是學風不良，士多浮薄；另一方面也是因為師常自侮，導致人亦侮之。

（三）科舉對學校發展不利——由於貢舉之應試者可自由報名競考，資格不受限制；因此由學校出身，即成了非必要的條件，士子可經由投拜私學、或隱居山林等途徑來求取功名——甚至透過如此曲折的方式，名氣還會大些，「終南捷徑」即為此例。唐自貞元以後，士子率以學校為鄙事。〔註8〕如此的傾向，對學校教育（不論是官學或鄉校）的發展，自然打擊甚大。尤其在安史亂後，學生流散，員額更是減少，貞元年間，三館學生數量銳減；幸賴韓愈奏請，得以維持最低限度的員額（請復國子監生徒狀、韓昌黎文集校注本卷八）；至元和十五年韓愈任國子祭酒時，太學學生方有六百人。〔註9〕儘管如此，生徒衰少、庠序坵廢的情況仍是隨處可見。〔註10〕至於太學，按理其為國家教育的最高機構，應受重視；竟然也任其荒蕪，到了不堪入目的地步。此可從貞元、元和間分別中進士的李觀、舒元輿的記載中看出太學荒廢的情形：

臣伏思太學之為道也，厥惟大哉！……今觀斯壞，甚不然乎！…近年禍難，寖用耗息，……至有博士助教，鋤犁其中，播五稼於三時，視辟雍如晨郊；堂宇頹廢，磊砢屬聯。……羣生寂寥，攸處貿邊；而陛下不以問，學官不以聞，執政之臣不以思；所謂德

〔註8〕《唐摭言》卷一「鄉貢」條載：有唐貞元巳前，兩監之外，亦頗重郡府學生；然其時亦由鄉里所升，直補監生而已。爾後膏粱之族，率以學校為鄙事；若鄉貢，蓋假名就貢而已。……大歷中，楊綰疏請復舊章，貴全乎實。尋亦寖於公族，垂空言而已。

此種現象主要因當時學校已非專為講學之地，而僅為國家取士之預備場所；加上學生不受重視、學校風氣又每下愈況，終於使士人以學校為鄙事，不願入學。

〔註9〕韓昌黎文集校注本卷八〈請上尊號表〉云：「臣某言：臣得所管國子、太學、廣文、四門及書、算、律等七館學生沈周封等六百人狀。……」題下注曰：「或有國子監字。元和十五年九月，公自袁州召為國子祭酒，至是有此表。」

〔註10〕如元和年間事：鄭餘慶為太子少師，判國子祭酒事。元和十三年十一月，餘慶以太學荒墜日久、生徒不振，遂奏請……十四年十二月，餘慶又奏請……國學毀壞荒蕪，蓋以兵戎日久，而葺修未暇，……（冊府元龜卷六○四、學較部、奏議三）

宇將摧，教源將乾，先聖之道將不堪。（李觀〈請修太學書〉、全
唐文卷五三二）

元興既求售藝於闕下，謂今之太學，猶古之太學，將欲觀焉。……
次至於西，有高門，門中有廈屋，問之曰：「此論堂也？予愧非鴻學
方論，不敢入。」導者曰：「此無人，乃虛堂爾。」予惑之，遂入。
見庭廣數畝，盡墾爲圃矣。心益惑，復問導者曰：「此老圃所宅，子
安得欺我耶？」導者曰：「此積年無儒論，故庭化爲廢地；久爲官於
此者圃之，非圃所宅也。」循廊升堂，堂中無机榻，有苔草沒地。
予立其上，悽慘滿眼，大不稱嚮之意。（舒元興〈問國學記〉、全唐
文卷七二七）

即或有免於坵墮者，其太學生員仍常不知奮勵，率多聚爲朋曹，侮老慢賢；
或墮窳敗業，而列口食；或崇飾惡言，而肆鬥訟。（參見前文第一節）如此種
種，自然不利於學校的發展。

　　至於科舉取士的內容，則間接造成學風不重師承之弊。自武后以來，重
文不重儒，科考尤重進士、輕明經；玄宗以後，進士科考的內容又唯重詩賦；
〔註11〕遂使漢以來深受重視的經學趨於沒落。老師大儒本來主授經學；然學
生爲應付考試需要，所習者自然不出詩賦文辭，而「文學尚性靈，重個性發
展，不重師承。時風所煽，人不相師。」（嚴耕望〈唐人習業山林寺院之風尚〉、
唐史研究叢稿，頁 416）科考此種趨勢，遂使人逐漸輕視師承。這是在有唐一
代文學勃興，以及士大夫讀書志在功名的前提下，自然的發展趨向。

　　唐代雖不重師承，但社會上師生之名卻能廣泛流行。這種看似矛盾的現
象，事實上仍可以作合理的解釋；而經此合理解釋過的現象，又恰可反映出
唐代師道不存、學風蕩然，已到了令人慨嘆的地步。在唐代，貢舉之士常以
有司爲座主，而自稱門生。一朝登第後，立赴主考官府宅，拜謝主司，口稱
「恩師。」《唐摭言》有「一日門生」之說：

吏部員外，其日於南省試判兩節。諸生謝恩，其日稱門生，謂之「一
日門生」。自此方屬吏部。（關試、唐摭言卷三）

於是以「師」「生」相稱者眾，門生恃座主之勢以取第，座主藉門生之利以自
肥；如此功利計較，往來卻極密切，終於成爲朋黨之禍的主要原因之一。

〔註11〕參見新唐書及舊唐書百官志、選舉志。

唐武宗會昌三年十二月，中書覆奏：

> 奉宣旨，不欲令及第進士呼有司爲座主。……兼題名、局席等條，
> 疏進來者。「伏以國家設文學之科，求眞正之士，所宜行敦風俗、義
> 本君親，然後申於朝廷，必爲國器。豈可懷賞拔之私惠，忘教化之
> 根源？自謂門生，遂成膠固；所以時風寖薄，臣節何施？樹黨背公，
> 靡不由此。」（慈恩寺題名遊賞賦詠雜記、唐摭言卷三）

《唐摭言》原注案曰：

> 韓文公「送牛堪序」：「吾未嘗聞有登第於有司而進謝於其門者」。則
> 元和長慶之間，士風猶不至此。

注解者懷疑當時狀態不似李德裕所形容地那麼惡劣。然而證之以穆宗長慶元
年四月的詔書：

> 國家設文學之科，本求實才；苟容僥倖，則異至公。訪聞近日浮薄
> 之徒，扇爲朋黨，謂之關節，干擾主司，每歲策名，無不先定。永
> 言敗俗，深用興懷。（冊府元龜卷六四〇、貢舉部、條制二）

可知長慶元年時，浮薄進士擅用特權、結黨營私的風氣，已猖獗到連皇帝都
不容坐視的地步。韓愈〈送牛堪序〉所說，恐爲嘉勉牛堪重師生之禮，一方
面亦含自謙之意，因此並不能據之以顯示元和長慶間士風之全貌。大體言
之：中唐以後，由於座主門生間的朋比關係愈演愈烈，致使原本應有的師生
禮數虛浮不實，流於表面化，且多半有所企求。儒家本崇禮重師，然而在韓
愈所處的時代裏，儒家勢力已被佛老侵佔，到了窮途末路的境地；而屬於儒
家的成員，偏又不能奮力自強，終難挽回衰頹之勢，更無庸論及孔聖教化之
本源了。無怪乎韓愈慨嘆其世比孟子之世尤爲艱險，「釋老之言過於楊墨」
（與孟尚書書），而慰勉其徒李翱、張籍等能「棄俗尚而從於寂寞之道」（與
馮宿論文書），實爲不可多得。

第二節　釋教與師道

韓愈從孔孟傳統中找出「師道」說的淵源，奠定其理論基礎，並且在社
會現象中了解儒家「師道」衰落的實際情形，激發他提倡「師道」的決心。
同時，佛教勢力已到了舉世滔滔的地步，觀察了儒家師弟關係後，必須再就
佛門師弟關係做一探究，方能明瞭社會背景的全貌。

一、社會背景

　　佛教在唐代特別盛行的原因，約有兩點：一是因世局混亂，篡竊與廢弒盛行，權臣相殘，戰爭頻仍。在此混亂之局勢中，不獨小民無以為生，即帝王宰臣亦感禍福無常，富貴難保。而佛教適時提供無告者依靠之所，也給為惡者原宥之處，所以信徒日眾。此乃亂世中一般人尋求心靈安頓之自然傾向使然。另一個主要原因，是唐代儒者大多沿襲六朝重政治制度而輕政治哲學的流風，主張「守道不如守官」。欲行王道，首要釐定百官職掌，修明典章制度，故偏重於政制之研究與討論，鮮有能闡揚政治哲學者。

　　反觀佛教、印度僧伽及中國一些高僧，都能熱心傳教，釋經講經，宣揚教義，不遺餘力。兩相比較，在傳道上，一個消極被動；一個積極爭取，強弱之勢，對照立顯！佛教玄理正好填補唐代政治思想的空檔，滿足士人的求知慾。日久成風，佛教更得到廣泛支持，其對當代文化及民心的劇烈衝擊，亦屬必然。

二、佛門師道之刺激

　　錢賓四先生曾說：「蓋自唐以來之所謂學者，非進士場屋之業，則釋道山林之趣。」（中國近三百年學術史第一章引論）此言甚是。唐代除了朝廷實施科舉制度、以功名利祿來籠絡知識分子，從形式上可算為學之外；佛教由於在教義、制度與世俗努力上——最明顯地，莫過於佛教大師常兼為國師〔註12〕——皆有相當可觀的發展，因而亦吸引了無數學子投入佛法之義海，蔚成問學之風潮；加上佛教界對於清寒學子的孜孜勤學，率多能予以扶持獎掖，使其免於柴米之憂，得以專心研究。〔註13〕然而佛教勢力所以能雄踞有唐一代思想之主流，鼓舞三百年人心之思慮，並不僅在帝王對佛教的提倡，也不僅在於佛教對寒士的扶持與贊助，最重要的因素，莫過於佛教界內部自有一股奮發向上的真精神存在，才使佛教勢力得以往外擴充。其中最足以稱道者，厥為重視師徒關係。此點對於後來韓愈提倡師道，關聯極為密切。因此，此處分別就唐代佛教的師資、弟子事師的態度，及師承關係三方面來觀察，以

〔註12〕唐高宗、武后以後，（1）神秀（六祖的師兄）、（2）嵩嶽慧安禪師、（3）惟政禪師（由五祖旁出）、及（4）道欽禪師（四祖旁支法嗣）先後相繼為國師，可知其深受朝廷重視。

〔註13〕見嚴耕望著《唐史研究叢稿》第八篇〈唐人習業山林寺院之風尚〉，頁416。

與當時儒家者不重師道作一比較。

（一）師資——唐永嘉沙門元覺曰：

> 第師有多種：解、行、證全者，上也；有解、行而無果證者，中也；有解而無行、證者，下也；苟有行而無慧解，此下之又下者也。弟子之求師也，苟不獲上中之師，則與其行也寧解？蓋行在師而不願己，解在己而正在師；如幣帛裹黃金，不以帛幣棄金而不取。事師亦然，不以師之涼德而不取解也。（永嘉禪宗集註卷上「親近師友」第三）

此處說明師資有四等（上、中、下、下之又下），因著重在弟子以「解」求師，「解在己」爲求師之先決條件，師的資格似乎是「解」重於「行」。然此僅從弟子的立場而言，如就師的立場，則能否證悟乃爲學之最高要求。此共識暫且不論；如就「解」、「行」分別來看，兩者理宜並重；退而求其次，「行」亦不得小於「解」，否則難免落於議論空言。

嚴格而論，此時佛教所謂之「解」，亦非僅是章句之學。從淨慧法眼禪師《宗門十規論》把「自己心地未明，妄爲人師」列爲第一條戒規看來，禪門對師資的要求並不寬貸；「解」亦不得完全脫離「行」、「證」，淨慧禪師復在同書第四條規裏，詳細訂定身爲宗師的條件如下：

> 論曰：凡爲宗師，先辨邪正；邪正既辨，更要時節分明，又須語帶宗眼機鋒，酬對各不相辜；然雖句裏無私，亦假言中辨的。

並舉出實例：

> 曹洞則敲唱爲用，臨濟則互換爲機，韶陽則函蓋截流，潙仰則方圓默契。

這些宗師雖於教法上有所差別，然皆講究隨機應教，「解」融「行」中，故無礙於弟子之終能融會貫通。〔註14〕

（二）弟子事師態度——原始佛教的基本教義規定：

弟子須敬奉師長。〔註15〕唐洞山良价禪師以師恩居四恩（佛恩、師恩、

〔註14〕 即所謂「雖差別於規儀，且無礙於融會。」（淨慧法眼禪師《宗門十規論》第四章〈對答不觀時節兼無宗眼〉，收入大藏經）

〔註15〕 木村泰賢著《原始佛教思想論》云師弟關係：「是故爲弟子者，須以五事，對於爲南方之師：第一於師前必起立；第二親近侍奉；第三樂聞師說；第四尊敬師長；第五凡所教誨，悉皆憶持。如是爲南方之師，對於弟子者，亦須以五事：第一使已調伏者，更能調伏；第二使已憶持者，更能憶持；第三就其

國恩、父母恩）之次，高於國恩及父母恩，對於師道可算是推崇備至。唐懷
海集編《百丈（案：即大智禪師）叢林清規》亦云：

> 一言爲天下法，中矩規，萬世知師道尊。

又云：

> 尊師重道，禮不可廢。（禪宗集成冊一勅修百丈叢林清規卷二、尊祖
> 章第四、百丈忌和嗣法師忌）

其時佛教徒不僅從理上言師道必尊，自當禮遇明師，還進而訂定詳密的規約，
如唐永嘉沙門元覺師即云：

> 次審乖適如何？明侍養故。次問何所作爲？明親承事故。次瞻仰無
> 怠，生殷重故。次數決心，要爲正修故。

明代沙門傳燈的註解分析更爲明白：

> 「次審乖適如何？明侍養故」者，正言弟子侍師之實事，即晨昏定
> 省，如古人問師之儀云：「少病少惱不？四大調和不？」種種方法，
> 沙彌律儀皆有成範。至於調和飲食、添退衣衾，又皆弟子所當盡心
> 者也。「次問何所作爲？明親承事故」者，弟子事師必有所作。奉命
> 而行，斯無乖戾，如釋迦之事提婆，採薪及果蓏，隨時恭敬與，是
> 其式也。「次瞻仰無怠，生殷重故」者，前三皆瞻仰之事，若生懈怠，

所聞一切學業，悉皆傳授；第四指示良友；第五於各地所而保護之。……如
是南方爲所護念，安穩無患。」（原書第三篇「理想與其實現」、頁258）
張曼濤論佛教的基本教義亦云：「善生，弟子敬奉師長，復有五事，云何爲五？
一者給侍所需；二者禮敬供養；三者尊重戴仰；四者師有教勅，敬順無違；
五者教師聞法，善持不忘。（註：巴利文本──此乃阿含部經典，亦木村泰賢
所徵引者──是：第一於師前必起立，第二親近侍奉，第三樂聞師說。六方
禮經是：一者當敬難之，二者當念其恩，三者所教隨之，四者思念不厭，五
者當從後稱譽之。又善生子經則是：必審於聞，必愛於學，必敏於事，必無
過行，必供養師。）善生，夫爲弟子，當以此五法，敬事師長。師長復於五
事敬視弟子，云何爲五？一者順法調御；二者誨其未聞；三者隨其所問，令
善解義；四者示其善友；五者盡以所知，誨受不恡。（註：六方禮經：一者當
令疾知，二者當令勝他人弟子，三者欲令知不忘，四者諸疑難悉爲解說之。
巴利文本：第一善能調伏；第二已憶持者，更能憶持；第三就其所聞一切學
業，悉皆傳授；第四同；第五於各地所而保護之。善生子經大意亦同，但其
順序是：以學學之，極藝教之，使敏於學，導以善道，示屬賢友。）善生，
弟子於師長敬順恭奉，則彼方安穩無有憂畏。」（佛教思想文集、二章「論佛
教的基本教義及其捨離精神」、頁4）由以上的詳細規章，可見原始佛教的基
本教義，弟子須對師長敬奉有加。

則心不般重；心不般重，則道心不切，何能決心？要以爲正修故，須守之不怠。「次數決心，要爲正修故」者，上明事師，皆爲決心要爲正修而設；故明事師畢，乃繼之此。所謂心存妙法，故身心無懈倦是也。（永嘉禪宗集註卷上、親近師友第三）

除了說明弟子事師的具體方法外，還舉出古來雪山大士及釋迦天主尊師報恩的實例，〔註16〕而這種來自前世的殷鑑，對於唐代僧侶，也有相當的示範作用。從《緇門崇行錄》中找出有關唐代緇門師弟關係的記載，可大體了解其相互切磋的眞實情感。〔註17〕盛行於中唐的禪宗，更流傳著種種尊師求道的軼事，這些皆能反映其時弟子對師之態度。

（三）佛法與師承關係——佛教對師的資格要求極爲嚴格，弟子於師也十分尊重；其所以如此不僅在於「人」的因素，最主要是爲了佛法的傳授，亦即弟子爲「法」而尊師。誠如唐裴休注《華嚴法界觀門序》所云：

答曰：「吾聞諸圭山（案：當爲主峯宗密禪師）云：『夫求道者必資求慧目，慧目不能自開，必求師以抉其膜也。』若情膜未抉，雖有

〔註16〕《禪宗集成》冊一、《永嘉禪宗集注》卷上、第三章「親近師友」、「親善友」條云：「故雪山大士爲半偈，捨全身以事羅刹；帝釋天主爲佛法，折慢幢而禮野干；古人爲法尊師，忘身報恩如此。後世有志於大道者，宜以此爲龜鑑焉。」

〔註17〕《緇門崇行錄》第三章「尊師之行」列出有關唐代的實例數條，如：唐清江，幼悟幻泡，禮曇一律師爲親教師。諷誦經法，觸目而通。識者曰：「此緇門千里駒也。」嘗與師稍忤，捨而遊方，徧歷法筵。自責曰：「天下行半，如我本師者鮮矣！」乃還師所。當僧集時，負荊唱言：「某甲再投和尚，惟願攝受。」時一公詬罵，江雨淚懺謝曰：「前念無知，後心有悟，望和尚大慈，施與歡喜。」求哀再四，一公憫之，遂爲師資如初。一公沒，謁忠國師，密傳心要焉。贊曰：「舍賢聖而知非，當詬罵而不退，可謂明且誠矣！」終傳心印，不有繇乎！彼淺信之流，小嫌則長往不返，微呵則銜恨不忘，空遇明師，竟有何益？如逢帝王，不獲一官。惜哉！（離師自責條）
又：唐石霜慶諸禪師，得法於道吾，後隱瀏陽同山，有瀏陽古佛之語，學者多依之。道吾將化，棄其眾從諸。諸迎居正寢，行必掖，坐必侍，備極敬養之禮。（迎居正寢條）
又：唐招賢通禪師，少爲六宮大使。因詣鳥窠求出家，不納；堅求，乃爲剃落。執侍左右，勤劬不替，經一十六年，不蒙開示，欲辭去，窠問何之，曰：「諸方學佛法去。」窠云：「佛法此間亦有少許。」遂拈起布毛。忽大悟，號布毛侍者云。贊曰：「人見侍者於布毛下悟去，不知一十六年織紝之力也。匪多載辛勤，焉有今日事；遇明師者，幸毋以躁心乘之。」（歷年執侍條）
以上三例，弟子或離師而自責，或迎師居正寢、備敬養之禮，或歷年執侍業師，皆顯示唐代佛門弟子對業師之尊崇。

其門，亦焉能入之哉？」（全唐文卷七四三「裴休」）

可見求師乃入法界之門。因此，須要「心由師決」、「須將己『解』呈師以請料揀」，並「請師驗其氣力之生熟」。（禪宗集成冊一、永嘉禪宗集註卷上、親近師友章第三、親善友）可知弟子修道亟賴明師指點，師弟間的關係，就在這種不斷的指導、鞭策和不斷的印證中日益密切。

以上所說，雖屬禪宗之言，然尊師重道，實乃原始佛教以來一貫的傳統，不僅禪宗為然；惟所怪者，禪宗既以「不立文字，直指本心」相號召，何以又需要師承的關係？〔註18〕印順法師對此種看似矛盾的現象，有一合理的解釋：

> 古代禪者的共同信念，自己的體悟（禪），是從佛傳來的。重視傳承的法脈不絕，所以除中國的遞代相承，從佛到達摩的傳承，也受到重視。達摩禪越發達，傳承法統的敘列也越迫切。（中國禪宗史、序、頁5）

可知在禪的修持和心法的印證上，固然得靠自證；然因不可避免地受到傳統影響——借助於師的啓發，著重師資的契合接受——亦須嚴格地講究師承。師承有據，乃因之相續以傳其法燈，如此即是所謂的「傳燈」。

至於禪宗師弟傳承的具體內容及方式，〔註19〕以及禪宗史上傳燈世系之爭，〔註20〕導致師弟嚴守宗風，也可作為唐代釋門（以禪宗為代表）師承關

〔註18〕禪宗初祖達摩東來，唯傳心法。自云：「我法以心傳心，不立文字。」圭峯宗密禪師闡釋之：「此心是一切眾生清淨本覺，亦名佛性，或云靈覺，……求佛道須悟此心，故歷代祖宗唯傳此也。然若感應相契，則雖一燈傳百千燈，而燈燈無殊。」（內供奉沙門宗密答裴休相國問「中華傳心地禪門師資承襲圖」，收入《禪宗集成》冊一）

〔註19〕禪宗師徒相承的內容，自然是佛法。（佛、法、僧乃釋門三寶）至於傳授的方式則有三種：（1）信物。如以衣鉢為記（見釋契嵩傳法正宗論卷下、第四篇）（2）經典。源於佛陀的自證，而為人宣說以傳（見釋印順《原始佛教聖典集成》第一章第二節，頁7），亦即佛法的具體化。（3）心心相印。此為高度神秘經驗的傳授，如釋迦與迦葉的傳燈大法授受，便行於拈花微笑、心心相印之間。迦葉乃成為傳燈的第一祖。

〔註20〕禪宗史上，自中唐（八、九世紀間）以來，祖師傳燈之爭極烈，世系各別，宗德互異。唐代宗時，圭峯宗密禪師為內供奉，曾為答相國裴休之問而作「禪門師資承襲圖」（見禪宗集成冊一）；宗密圓寂後，時任集賢殿大學士的裴休也為他作「傳法碑」（見《金石萃編》卷一一四，全唐文卷七四三）。二人對傳授世系各有說辭，宗密簡略而裴休詳贍；依據胡適先生的考訂（見「跋裴休的唐故圭峯定慧禪師傳法碑」一文，收入《中國佛教史論集》冊一、隋唐

係密切的旁證。

歸納以上種種例證，可看出唐代釋門師弟關係的特色：

（一）師資謹嚴——心地澄明、能辨邪正。（二）弟子尊師——忘身執侍、敬養報恩。（三）注重傳授淵源（師承）——尤其是六祖慧能開始的新禪宗，特標「教外別傳」之旨；更須建立一嚴密法統，證明其淵源所自，以徵信於人。

佛教宗風如是，相形之下，唐代的學風則爲：（一）官學師資不佳——士族承蔭，習氣本浮；寒門進士，又恃才輕薄。（二）士子趨競，拜師爲求祿之階——每致悖慢師長，荒廢藝業。（三）既荒廢藝業，師又不嚴、徒亦不學，道因而亦不得流傳；更無師承宗風可言。（四）朝廷獎掖儒學只論形式，不重實質。凡此種種，致令韓愈痛心疾首。本來佛教是他所奮力排擊的對象，如今佛門師弟關係反而密切，力求上進，眞正能達「傳道」之旨（儘管韓愈不同意其道的內容），這一層層的刺激，更加促使以儒學自任的韓愈，興起了重振師道的決心。

五代篇），認爲宗密自陳之傳法世系不甚可信。胡先生的考證，有助於對禪門師承世系的認識；從其中也不難見出自六祖慧能之後，緇門諸宗派各有承襲，師弟嚴守宗風情形之一斑。

第四章　宋儒論韓愈師道之理想與實踐

第一節　理想人師之條件

　　韓愈不但強調師的重要性（已見第三章），並且從歷史上標舉出孔孟聖人，作為人師應當效法的典範。他認為「求觀聖人之道，必自孟子始。」（送王秀才序、韓昌黎文集校注本卷四）「始吾讀孟軻書，然後知孔子之道尊，聖人之道易行。」（讀荀、韓昌黎文集校注本卷一）韓愈所以重視孟子，乃因孟子雖處楊墨之言遍佈天下、聖道黯然不明之時，卻能以一介布衣，獨尊孔道，力排眾議，使後之學者尚知所尋。孟子之時代背景與韓愈所遭逢之環境極為相近，對孟子之言特感自然親切，故極力表彰孟子發皇孔學之功，以其為師之表率。同時，他還從「師位」這種觀念上著眼，認為它具有無比的重要性，所以說「五常之教，與天地皆生，然而天下之人不得其師，終不能自知而行之矣。」（通解、韓昌黎文集校注本外集上卷）可知聖人之道（即五常之教）雖與天地並生，然人能弘道，非道弘人；道的流傳，終須仰賴明師傳授，方得彰顯。

　　究竟學者到底該具有何種條件，才足以稱之為師？韓愈對此問題雖時有說明，然較完備之解釋，可從〈潮州請置鄉校牒〉（韓昌黎文集校注本外集上卷）一文見出。韓愈貶潮州時，稱美進士趙德「沈雅專靜，頗通經，有文章，能知先王之道，論說且排異端，而宗孔氏，可以為師矣。」以本處所說為主，參考相關資料，大略歸納出韓愈所論為師之條件有六：

一、明儒道

此點可就幾方面來說：（1）韓愈明定道的內容爲仁義。（2）道的代表人物爲孔子。（3）載道的典籍爲六經。（4）道的推行機構爲廟學。以下試分別言之。

〈原道〉開宗明義曰：「博愛之謂仁，行而宜之之謂義，由是而之焉之謂道」。道猶路也；而韓愈所肯定的道，乃由仁義而行的大路；因「仁與義爲定名」，爲綱常德目，所以說：「凡吾所謂道德云者，合仁與義言之也。」（送浮屠文暢師序、韓昌黎文集校注本卷四）道的內容，再也沒有比仁義更重要的了。可知在韓愈思想中，儒道即由仁義而見。而歷史上最足以作爲行仁由義代表的，莫過於孔子──韓愈稱美孔子「知不可爲而爲之不已」，而那些在可爲之時「自藏深山、牢關而固拒」者，皆「與仁義者異守」（與少室李拾遺書、韓昌黎文集校注本外集上卷）。而道（仁義）之傳播，仍有賴六經爲媒介。因六經（六藝）乃聖人傳道之總集，詩書中遍載仁義之說（送區冊序、韓昌黎文集校注本卷四）；唯有憑藉「讀六藝之文」，方能「脩先王之道」（請上尊號表、韓昌黎文集校注本卷八）、「探周公、孔子之意」（韋侍講盛山十二詩序、韓昌黎文集校注本卷四），所以經書是當努力鑽研的。由此可知，儒家、孔子、仁義之道、經書，四者實爲一體。此外，尚須考慮作爲道之推動機構的廟學；經由宗廟之祀孔，儒家地位遂得以肯定；而透過學校師弟之傳承，儒家之道乃得以流衍。廟學對儒家思想的傳播，確實具有非常的意義。〔註1〕

二、闢佛老

此爲反面「破」的部分。韓愈既然正面肯定師者應是崇尚儒家仁義之道的眞儒，因此強調「學者必愼其所道」（送王秀才序）。在多歧之學說中，楊墨老佛之道，皆非韓愈所謂之道；故宜摧陷廓清，以皈依儒道；如不幸「道於楊墨老莊佛之學，而欲之聖人之道」，則「猶航斷港絕潢以望至於海也。」（送王秀才序）可見韓愈爲明儒道，所以首須闢斥佛老異端；然而反過來說，想要闢斥佛老，表彰儒學則爲最有效的利器；二者實爲一體的兩面。

韓愈對抗佛老，除了從道德立場予以嚴詞排斥之外，還從社會層面的觀點來說明理由；皆是針對時弊而發，並提出實際對付方法，主張採取嚴厲的

〔註1〕 參見高師明士、隋唐廟學制度的成立與道統的關係，台大歷史系學報第九期、頁98。

手段。（詳見一、二章）為何要採取如此激烈的方法？因為「不塞、不流；不止，不行」，不杜絕佛老之說，儒家思想便無法流行。這是為師者首須把持，明辨「立」、「破」的重點所在。

三、人格修養

　　即內聖功夫，講究如何成就一有道德修養之君子。如〈策問十三首之二〉（韓昌黎文集校注本卷二）所云：「古之學者必有師，所以通其業，成就其道德者也。」韓愈嘗任國子祭酒，此種職務為學官之最高表率，其職責主要在於訓導；〔註2〕然而為人師者既須負訓導之責，故其本身當謹慎修行，方堪為範式，因此如有人「告我以吾過者，吾之師也。」（答馮宿書、韓昌黎文集校注本卷三）至於其具體內容，則如〈唐故國子司業竇公墓誌銘〉（韓昌黎文集校注本卷七）一文所言，必須「嚴以有禮，扶善遏過，益明上下之分，以躬先之；恂恂愷悌」，方能「得師之道」。此外，在師之人格節操上，必須「沈默靜退，介然有守」（舉薦張籍狀、韓昌黎文集校注本卷八）唐人曰師曰弟子者，率多投拜之徒，於「座主、門生」之浮名多能講究，然而名實常不相符，故韓愈慨然歎曰：「方今天下入仕，惟以進士明經及卿大夫之世耳。其人率皆習熟時俗，工於語言；識形勢，善候人主意。故天下靡靡，日入於衰壞。」（答呂醫山人書、韓昌黎文集校注本卷三）又曰：「夫今之人務利而遺道，其學其問，以之取名致官而已。得一名、獲一位，則棄其業而役於特權者之門。故其事業功德日以忘、月以削，老而益昏，死而遂亡。」（上考功崔虞部書、韓昌黎文集校注本外集上卷）韓愈之言，可謂感慨良深。由此看來，韓愈特重人格修養，主張惟有沈雅專靜，才能充實德藝；也惟有介然有守，才能不誘於勢利。所以真正的師必然有別於時俗流行的投拜之師。

四、經世濟民

　　即外王理想。愈曰：「自古聖人賢士皆非有求於聞用也。閔其時之不平、人之不義；得其道，不敢獨善其身，而必以兼濟天下也，孜孜矻矻，死而後已。」（爭臣論、韓昌黎文集校注本卷二）此即所謂「道德之行」（原毀、韓昌黎文集校注本卷一）——把抽象的道德理念，落實於具體的經世濟民行動

〔註2〕　《禮記》學記篇：「凡學之道，嚴師為難。師嚴然後道尊，道尊然後民知敬學。」又見《唐會要》所引太尉孫無忌等之議文。

中。韓愈理想中的聖賢才士，不但修身有餘，更能以「補世人之不足」爲職志；經世濟民便是匡時救俗，也就是補世人之不足。聖賢能將道德發用於世，而在韓愈理想中，師的最高人格型態即是聖賢；因此，經世濟民的實際作爲，乃爲師者不可或缺的條件。關於這一論點，韓愈除了表達傳統儒者的要求（如自孟子起，便強調外王理想）外，也多少反映了時代風氣。而這種風氣與帝王的獎勵提倡不無關聯，如唐太宗時，基於治術立場，尊師之道早已宣揚備至。〔註3〕又如：唐代屬政府編制的教師——名爲「儒官」（上巳日燕太學聽彈琴詩序、韓昌黎文集校注本卷四），比照官員品秩，〔註4〕月有俸錢、歲實廩粟。此一制度合於古代官師合一之理想；而官師合一，正表示儒道（即孔聖仁義之道）不但能修己安人，更可治國平天下。韓愈〈原道〉篇詳述儒家：

> 其爲道易明，而其爲教易行也。是故以之爲己，則順而詳；以之爲人，則愛而公；以之爲心，則和而平；以之爲天下國家，無所處而不當。

〈送浮屠文暢師序〉亦曰：

> 施之於天下，萬物得其宜；措之於其躬，體安而氣平。（韓昌黎文集校注本卷四）

同時對儒道之體（內聖）用（外王）作了簡要之說明。韓愈又推重大學「格致誠正修齊治平」之爲學次第，進而論斷「古之所謂正心而誠意者，將以有爲也」。以儒家之「有爲」當作批駁道家「無爲」及佛家「治心」說之有力依據。這些都是韓愈學說之主要論點，也是他畢生奉行之爲學態度。韓愈既抗顏以師自任，故經世濟民之懷抱遂成了爲師不可或缺之條件。

〔註3〕見《唐會要》卷三五「學校」條：「（武后）光宅二年，梓州陳子昂上疏曰：『……臣聞天子立太學，所以聚天下賢英，爲政之首。故君臣上下之禮，于是興焉；揖讓樽俎之節，于此生焉；是以天子得賢臣由此也。……，廣開庠序，大敦學校；三館生徒，即令追集；王公已下子弟，不容別求仕進，皆入國學，服膺訓典；崇飾館廟，尊尚師儒；盛陳奠菜之儀，宏敷講說之會；使士庶觀聽，有所發揚；宏獎道德，於是乎在。則四海之內，靡然向風矣。』又同卷「釋奠」條云：「貞元二年二月，釋奠。自宰臣已下，畢集於國學。學官升講座，陳五經大義，及先聖之道。」陳五經大義，即尊儒；陳先聖之道，即孔子之道，亦即尚師。

〔註4〕六學博士及助教之官品，見舊唐書卷四四、職官志三。至於地方學校，則置經學博士、助教（府、州、縣）及醫學博士、助教（府、州）。各屬八品（府）或九品（州）官。（見舊唐書卷四四、職官志三）。俸錢則比照前章註5。

五、通經史

　　師既負授業之責，自當博學多聞，以解弟子之惑。韓愈基於儒家入世致用之傳統，於學問中特重經史；嘗曰：「士不通經，果不足用。」（送殷員外序、韓昌黎文集校注本卷四）又曰：「經術精深，可爲師法。」（順宗實錄卷二、韓昌黎文集校注本外集下卷）而六經所以重要，乃因其爲載道之器，故曰「聖賢事業，具在方冊」（與孟尚書書、韓昌黎文集校注本卷三）、〈進撰平淮西碑文表〉（韓昌黎文集校注本卷八）云：

> 其載於書，則堯舜二典、夏之禹貢、殷之盤庚、周之五誥。於詩，
> 則玄鳥、長發，歸美殷宗；清廟、臣工，小大二雅，周王是歌。辭
> 事相稱，善幷美具，號以爲經。

亦即堯舜禹湯文武之功業道德，歷載於詩、書，故宜列入學官，置師弟子講習之。除了專通經典外，韓愈認爲師者還須「博涉墳史」（國子監論新注學官牒、韓昌黎文集校注本卷八），嘗云：「今之所以知古，後之所以知今，不可口傳，必憑諸史。」（進順宗皇帝實錄表狀、韓昌黎文集校注本卷八）並以孔子述而不作，筆削春秋，厥功至偉，故推重史書。韓愈以爲「凡史氏褒貶大法，春秋已備之矣。」（答劉秀才論史書、韓昌黎文集校注本文外集上卷）其上諫張建封擊毬之事，便以春秋左傳語作警語（上張僕射第二書、韓昌黎文集校注本卷三）；於〈施先生墓誌銘〉（韓昌黎文集校注本卷六）中，稱揚太學博士施士丐善春秋左傳，雖處於「箋注紛羅、顚倒是非，致令聖人旨微」之時代，然其講論高明，「如客得歸」，有助於經傳之發明。又如韓愈蒙殷侑示以新注《公羊春秋》，並聞其口授之旨略，遂「私心喜幸，恨遭逢之晚，願盡傳其學。」（答殷侍御書、韓昌黎文集校注本卷三）由以上三例可知韓愈極重視春秋學，此因不論是經或傳，都詳贍地記載了可爲鑒借的史實；爲師者不但須通經以致其傳，還要明史以高其識，如此學問方能齊備。這也可以說是有體（經）有用（史）、有常（經）有變（史），因此有別於巫醫百工樂師等技藝之師。

六、有文章

　　作爲老師，除了須充實藝學於內，還要具備良好的表達能力，才能完整無誤地傳道。這也就是「修辭以明其道」（爭臣論）。因此韓愈認爲學官之資格，除了通經涉史、堪訓導之外，尚須爲「進士五經諸色登科之人」（國子監

論新注學官牒、韓昌黎文集校注本卷八）；而唐代科考重詩賦，所以爲師者不但須有材質，亦得尚重文采，此即傳統所謂「行之不文，傳之不遠」之意。證以韓愈所薦舉擔任學官之人，皆富文辭，如「前件官文學治行，眾所推與」（舉張惟素自代狀、韓昌黎文集校注本卷八）及「前件官詞學優長，才器端實」（舉韓泰自代狀、韓昌黎文集校注本卷八），可見韓愈極著重師道與文學之關連。再證之於官學師法，韓愈認爲應以「文多古風」爲標準（舉薦張籍狀、韓昌黎文集校注本卷八）；其對文采之重視，更是昭然可見。斯亦柳宗元所謂「言道講古，『窮文辭』以爲師，則固吾屬事」（答嚴厚與論師道書、柳河東集）。蓋韓柳乃中唐時期古文運動之巨擘，其特重文辭，並以之爲師法，用意當不難曉喻。

以上先就韓愈對師的基本立場——分爲立與破一體的兩面（闢佛老的目的即在明儒道）來說明；次就爲師的人格修養（內聖）和經世濟民（外王）的理想性格來分析；再以師須博學多識（通經史），並能充分傳播聖人之道（有文章）等條件具體印證。經由這六點的觀察，或可對韓愈之師道說，得到較全面的瞭解。

至於宋儒對於韓愈有關師道理論的批評，除了同意師對人生的重要性（陸九淵），進而探討道是否賴師而傳的問題，並對師的任務加以補充說明之外，宋儒看重的焦點集中在道德修養與矯厲風節兩方面。以下先行析辯：

一、道德修養

韓愈所說的人師理想條件，首在明儒家之道。欲具備明儒道的能力，則必先注重人格修養，也就是前述第三項所謂的內聖工夫。在宋儒，特別強調人師須具備道德修養，方能講明道義，傳儒家之道。以下試舉北、南宋各一例，以對照其標準之異同。

（1）司馬光（1019～1086，字君實，號迂夫，晚號迂叟，世稱涑水先生）

司馬光對人師條件的要求，不但消極的無過犯，還要積極的有口才、能化眾。他說：

> 臣欲乞自今天下州學，只許置教授一人，委本州長吏於本處命官中，選擇無過犯、有節行、能講說，爲眾所服者，舉奏補充。若本州無人，則奏乞下銓司選差委銓司於見，在銓選人內揀選進士明經諸科

出身人，歷任無贓私罪，能講說經書者，奏補充逐州教授。（議學校
貢舉狀、司馬溫公文集卷卅九）

除了強調寧缺勿濫——只許置教授一人，以達到重質的目的外，講說的內容
則是儒家經書，並且師必須「有節行」。這一點在南宋大儒尤其注重，以下即
舉朱子爲例：

（2）朱　熹

朱子力尊仁宗時所規定的太學制度。他對於學官人才的選擇標準是：

欲革其弊，莫若一遵仁皇之制。擇士之有道德可爲人師者，以爲學
官；而久其任，使之講明道義，以教訓其學者。而又痛減解額之濫，
以還諸州，罷去舍選□□（原文缺佚）之法，而使爲之師者，考察
諸州所解德行之士，與諸生之賢者，而特命以官。則太學之教不爲
虛設，而彼懷利干進之流，自世所爲而至矣。（學校貢舉私議、朱文
公文集卷六九）

他有鑒於一般學者多屬「懷利干進」之流，乃痛下針砭，提出正本清源之道，
可大致分從三點來說：（1）人師的理想條件首重道德（從存養工夫見出）。（2）
人師的職責在於講明道義。（3）對待人師的態度，宜以官位命之且銓任久長
（宜用老成人）。

其中將人師命爲學官一事，此淵源已久，且牽涉道德政治的觀念；同時，
朱子認爲人師數目多，資質浮濫，必須減額。這個觀點與司馬光相同，皆反
映出北宋、南宋教師員額眾多。姑且就南宋高宗紹興年間太學生人數及待遇
來觀察，依據當代吳自牧的記載：

紹興年間，太學生員額三百人，後增置一千員，今爲額一千七百一
十有六員。以上舍額三十人，內舍額二百單六人，外舍生一千四百
人，國子生員八十人。諸生衫帽出入，規矩森嚴；朝家所給學廩，
動以萬計。日供飲膳，爲禮甚豐。月書季考，由外舍而升內舍，由
內舍而升上舍；或釋褐及第，或過省赴殿，恩例最優。於此見朝廷
待士之厚；而平日教養之功，所以爲他日大用之地也。（夢梁錄卷十
五、學海類編冊二）

朝廷待士優厚，目的在培養人才，所以使太學生衣食無缺，明禮尚義，並設
立良好資質的教師；不過所費不貲，動輒以萬計，這在南宋迭遭國恥，賠款
負擔極重的背景對照之下，難怪朱子不得不發「減額」之議。

二、矯厲風節

北宋初年，對於師道的提倡，可從眞宗景德二年（1005）所編的《冊府元龜》見出：

> 夫師嚴道尊，民乃貴學。束脩受業，人知向方。是故傳先聖之訓，有在三之重焉。若乃列徒著籍，而博喻不倦；升堂窺奧，而請益彌堅；心志既通，行業增廣；道之所在，義亦至焉。故有盧墓盡哀，去官行服；或咏嘆其至德，或撰集其緒言；或周避嚴刑上章，以訟其枉；或不敢受爵讓封，以歸其功；或貌是孤遺，竄身以全受；或懼於刑辟，冒禁以收瘞。是皆誠發於衷，義形於外，是以報師資之德，敦風教之本，誠士大夫之懿行哉！（學較部、師道、冊府元龜卷六百）

詳細說明師生關係及風義。師能博喻不倦，生能請益彌堅，則不但內可通心志（解惑），外亦可增廣行業，將理論付諸實踐。並特重「義」的表現，爲師服喪，纂集師言，或不避嚴刑爲師伸冤，或冒死收瘞（這些大抵是指黨爭之下的犧牲者），或歸功於師門等等義行，皆爲報答師恩的途徑。

再就《冊府元龜》來觀察北宋初對於唐人師道的擇取標準，先就王義方爲例：

> 唐王義方，泗州漣水人。博通五經，爲侍御史。坐彈中書侍郎李義府，左遷萊州司戶，秩蒲家于昌樂，聚徒教授。母終，遂不復求仕。及卒，門人何彥先員半千制師，服三年喪畢而去。（學較部、師道、冊府元龜卷六百）

再就陽城爲例：

> 陽城爲國子司業。有薛約者，嘗學於城，狂躁，以言事得罪。竄連州，客無根蒂，吏蹤跡求，得之城家。城坐吏於門，與約飲食訣別，涕泣送上郊外。德宗聞之，以城爲黨罪人，出爲道州刺史。入學生魯郡李賞等二百七十人詣闕，乞留；經數日，吏遮正之，疏不得上。（仝上）

王義方以博通五經爲侍御史，後貶官聚徒教授。母逝，不復求官，這在唐人風義中是極罕見的例子。而其門徒爲他守喪三年，這分追思，可上溯到孔子弟子對孔子的敬意。在陽城，位爲教育大臣（僅次於國子祭酒），十分愛護弟子，即或弟子狂躁犯罪，他也先藏身在家，被官府查出後，只得與之飲食訣別，又涕泣送至郊外，關愛之情溢於言表。甚至因此受牽連獲罪，二百七十個學生紛紛欲爲他脫罪，可見其受學生愛戴之一斑。

　　宋儒收錄唐人師道的例子，僅此二人。其選擇特色除了不求仕（這個現象至南宋尤顯）之外，師生關係已從嚴厲疏遠變成一種親如父兄的感情，生罪師能承擔，自然生甘願爲師服三年之喪。再回頭觀察韓愈的情形。

　　韓愈與人交往，始終不變。如友朋及內外親戚無子嗣者，韓愈皆爲其嫁遣孤女，並卹其家；此舉共濟十人。此外，其嫂鄭氏歿，爲服朞年喪，以報劬育之恩。韓愈這些仁德義行，非但身後廣被美譽，即其生前已有「直亮廉潔，博達而沈厚」之評價（王仲舒〈國子博士韓愈除都官員外郎制〉、全唐文拾遺卷廿五），足以爲百世師之先決條件。

　　學者張君勱曾有中肯評論云：

> 韓愈雖不得意於仕途，但他爲官忠言直諫，儘管屢遭貶逐，卻一無所懼，表現忠臣之風。他的勇敢和剛毅，後來宋儒矯屬風節，多循其遺風。（《新儒家思想史》頁78）

對理想人師的條件，宋儒與韓愈有相同的選擇標準，皆重道德修養，皆能矯屬風節。他們對於師道的實踐，也有著近似的心路歷程，以下一節試從這個方向加以探究。

第二節　師道之實踐

　　前節中曾提及韓愈心目中理想人師的條件，這和他的時代背景有密切關係。因爲當時佛老盛行（參見第三章第二節），凡爲師者若非童子記問之師、或巫醫百工樂師等技藝之師，則爲投拜勢利之師；以致學風窳敗。（參第三章第一節）在這種情況下，韓愈周圍的儒者如柳宗元、呂溫輩，尚且避師之名（詳見後文「抗顏爲師」項），可見師道的淪喪確已相當嚴重；加上釋門師道謹嚴，一內一外的刺激，對於以提倡儒學自任的韓愈來說，自然造成莫大的心理壓力。

　　時代處境的刺激，促使韓愈竭力提倡師道。然而，韓愈的呼籲是否造成影響？他的所作所爲又能否與其理論配合？從其生平的行事來考察，可以見出韓愈頗能擇善固執、身體力行，因而使他的「師道」說達到某種程度的效果；無論在他生前或身後，都能引人注目──偶爾也會引人側目。以下即觀察其躬行實踐的情形，並詳究韓愈對師道的發揚，與其實行的具體內容；再將宋儒評論的重點試作分析：

一、抗顏為師

韓愈不顧流俗，毅然以提倡師道為己任。其友柳宗元所持的態度，則是懼而不敢為師，他認為「久無師弟子，決為之，且見非，且見罪。」（報袁君陳秀才避師名書、柳河東集卷三四）並說：「今之世不聞有師；有輒譁笑之，以為狂人。」（答韋中立論師道書、柳河東集三四）而把師比喻作「蜀之日」、「越之雪」，可見師道之衰落，已到了極其嚴重的地步。此外，與韓、柳同時，年紀較輕的呂溫（和叔）也曾描述「其先進者亦以教授為鄙，公卿大夫恥為人師，至使鄉校之老人，呼以先生，則勃然動色……」（與族兄皋請學春秋書、呂和叔文集卷三）因而有「是以今之君子，事君者不諫諍，與人交者無切磋，蓋由其身不受師保之教誨、朋友之箴誡；既不知己之損益，惡肯顧人之成敗乎？」（同上）之慨歎。

然而，韓愈毅然提倡師道的結果卻是：「世果群怪聚罵，指目牽引，而增與為言詞。愈以是得狂名。居長安，炊不暇熟，又挈挈而東。如是者，數矣。」（報袁君陳秀才避師名書、柳河東集卷三四）徒被視為狂人。不過，宋儒對於韓愈抗顏為師的勇力，多所稱揚。如陳善以韓愈為文章宗主即為一例。陳善推尊韓愈抗顏為師的大氣魄，認為他乃英豪人物，足以當此大責而為一代宗主。他說：

> 一代文章，必有一代宗主；然非一代英豪，不足以當此責也。韓退之抗顏為師，雖子厚猶有所忌，況他人乎？（文章必有宗主、捫虱新話卷二）

二、獎掖後進

韓愈師道的實踐中，最值得稱述者，就是他頗能禮遇後輩，獎掖提攜，使其知名於世。

新、舊唐書〈韓愈本傳〉皆載其獎勵後進之事。受引薦者，往往因之有名，故當時向韓愈請益者十有六七。而韓門弟子因之勢力龐大，且多有可觀，如李翱、張籍、皇甫湜等人。〔註5〕以下分別就獎掖後進、禮賢下士以及不恥

〔註5〕 五代王定保記載韓愈的門生：韓文公名播天下，李翱、張籍皆升朝，籍北面師之，故愈〈答崔立之書〉曰：「近有李翱、張籍者，從予學文。」翱〈與陸傪員外書〉亦曰：「韓退之之文，非茲世之文也，古之文也；其人非茲世之人，古之人也。」後愈自潮州量移宜春郡，郡人黃頗師愈為文，亦振大名。頗嘗

下效等方面來觀察韓愈師弟關係的全貌：

（一）獎掖後進

唐人康駢曾記載一則有關韓愈誘掖李賀的軼文：

> 元和中，進士李賀，善爲歌篇。韓愈深所知重。於縉紳中，每爲延譽，由此聲華籍甚。……韓愈惜其才，爲著〈諱辯〉錄明之，然竟不成名。（劇談錄二集）

針對韓愈所作〈諱辯〉一文，稱道韓惜李之才，多方延譽使之成名的用心。

王禹偁也載錄韓愈稱揚樊宗師和薛逢的文章特色一事。他說：

> 韓愈稱樊宗師之文必出于己，不襲蹈前人一言一句；又稱薛逢爲文，以不同俗爲主。然樊、薛之文，不行于世；吏部之文，與六籍共盡。此蓋吏部誨人不倦，進二子以勸學者。（答張扶書、小畜集卷十八）

由此可見韓愈樂於獎掖後進，不僅於弟子爲然。賈島棄僧從俗，竟舉進士，韓愈之功厥偉。葛立方嘗載此事：

> 賈島攜新文詣韓愈云：「青竹未生翼，一步萬里道。安得西北風，身願變蓬草。」可見急於求師。愈贈詩云：「家住幽都遠，未識氣先感。來尋吾何能？無味嗜昌歜。」可見謙於授業。此皆島未儒服之時也。泊愈教島爲文，遂棄浮圖學舉進士。（韻語陽秋卷三）〔註6〕

（二）禮賢下士

韓愈性格骨鯁，對上不畏權貴；對下則因心有戚戚，而能禮賢下士。他首先肯定君王宰相皆須得人輔贊，方可成就大業；〔註7〕因而有進賢的必要，乃力薦良才。得薦之士，均能登第。

觀盧肇爲碑版，則唾之而去。案《實錄》：愈與人交，其有淪謝，皆能卹其孤，復爲畢婚嫁，如孟東野、張籍之類是也。李義山師令狐文公，呼小趙公爲「郎君」，於文公處稱「門生」。（《唐摭言》卷四）

〔註6〕　計有功《唐詩紀事》亦載韓愈誘掖賈島之事：（賈島）字浪仙，范陽人。初爲浮屠，名無本。能詩，獨變格入僻，似矯艷於元、白。來洛陽，韓愈教爲文，去浮屠，舉進士。終普州司戶。（卷四十）

〔註7〕　韓愈認爲士之理想在於以所學貢獻君王，注重人臣輔相之功：不得於朝，則山林而已矣。山林者，士之所獨善自養而不憂天下者之所能安也；如有憂天下之心，則不能矣。（後廿九日復上書、韓昌黎文集校注本卷三）

因重臣相，乃標舉周公爲代表，除了在《原道》篇中稱揚之外，並列之於道統。

五代王定保嘗載韓愈主動助成牛僧孺成名一事。後來牛僧孺爲相，顯赫一時，皆受韓知遇之恩，參見《唐摭言》卷六；另計有功《唐詩紀事》卷卅九亦詳載之。

韓愈於貞元十八年任四門博士時，曾薦舉道德、文章兼美的侯喜、侯雲長、劉述古、韋群玉及沈杞、張苰、尉遲汾、李紳、張後餘、李翊等十人給典識貢舉的陸傪（權德輿主之，陸傪佑之）。詳見〈與祠部陸員外書〉（韓昌黎文集校注本卷三）結果有四人當年即告登科，其餘諸人不出五年皆聞捷報。（參見通榜、唐摭言卷八）凡此皆可歸諸韓愈大力推薦之功。韓愈此舉，可能是有感於貞元八年登第時，佐貢的梁肅和王礎大力拔擢，相率成爲美談。另外，韓愈又嘗引薦貧士孟郊給宰相鄭餘慶（參薦士詩、韓昌黎詩繫年集釋卷五），足見其禮賢下士，不遺餘力。

（三）不恥下效

從韓詩中多可找出他傚效弟子、晚輩或前輩詩人的文句，充分表現了「能友不如己者」之大度。洪興祖（1090～1155，字慶善）辯證韓愈傚效孟郊、樊宗師作詩：

> 退之〈答孟郊〉詩：「規模背時利，文字覷天巧。」此效東野。〈酬樊宗師〉云：「梁惟西南屛，山屬水刻屈。」此效宗師。（韓子年譜）

韓愈嘗效法盧仝所作的〈月蝕詩〉，然何薳提出疑義：

> 韓退之有〈效玉川子月蝕詩〉，讀之有不可曉者。既謂之「效」，乃皆是玉川子詩何也？亦嘗聞葉天經云：「玉川子既作此詩，退之深愛之；但恨其太狂，因削其不合法度處，而取其合者附於篇。」其實改之也。退之尊敬玉川子，不敢謂之改，故但言效之耳。（春渚紀聞卷五）

此詩全名爲〈月蝕詩效玉川子作〉（韓昌黎詩繫年集釋卷七）。方世舉則對此詩刪改之說提出相反的意見：

> 宋人詩話往往好左右偏，而不知其失言。《學林新錄》于此詩言盧險怪而不循詩家法度，退之乃摘其句而約之以禮。是則腐談。題不曰「刪」而曰「效」，韓之重盧甚矣，何必以尺蠖之見繩墨蛟龍哉？（集釋引方世舉曰）

文中辯之甚詳。

　　曾季貍以王勃、王績的文采遠遜韓愈，而韓卻稱美欣羨，由此可看出其宅心仁厚，足與宋當世作一對照。他說：

> 古人於前輩未嘗敢忽，雖不逮己者，亦不敢少忽也。以韓退之之於文，杜子美之於詩，視王、楊、盧駱之文，不啻如俳優。而王績之文，於退之猶土苴爾；然退之於王勃〈滕王閣記〉、王績〈醉鄉記〉，方且有歆艷不及之語。……古人用心忠厚如此。異乎今人露才揚己，未有寸長者，已譏議前輩。（艇齋詩話）

由此觀之，韓愈愛賞王勃、王績之文，傚效孟東野、樊紹述及盧仝之詩，除了代表其詩文多能變化、不拘一格的特色，以及襟抱曠達外，亦是其以師自任的態度反映在文學上的實例。同時，從他對孟東野雲龍相依的情感（〈醉留東野〉詩云：「吾願身爲雲，東野變爲龍」，〈與孟東野書〉全篇也可見出韓孟情誼之篤。）；和他在午睡時接到皇甫湜的書信，悲不能已，甚至盼望能在夢中相見的深情厚意；皆可看出韓門師徒的感情相當深厚。李翱稱讚韓愈「得古人之遺風，明於理亂根本之所由」，以他爲豪傑之士，而向徐州張僕射推薦。（參見公薦、唐摭言卷六）而由張籍所作的〈祭退之〉詩（張司業詩集卷七）稱退之爲「兄」，亦可見出韓愈與其弟子義兼師友的情誼。

　　對於儒士的獎掖，韓愈之後以范仲淹的例子最爲人稱道。另外，南宋王十朋（1112～1171、字龜齡）更以親身體驗來證成有關韓愈獎掖後進、不恥下問、禮賢下士的一套理論。他說：

> 韓退之作〈師說〉，言「弟子不必不如師，師不必賢于弟子。」予初怪其言，謂師者人之模範，寧有不弟子如耶？紹興甲子，予闢館梅溪，朋友以予年居其先，妄以師席見推，執卷而從者四十人。常月較其文，用三等以品第之，其間穎然以才名稱者十餘輩，齒煩鏘鏘，類能道驚人語。予疏謬，反資其發藥者居多。然後知退之方爲不妄。
>
> （送吳翼萬庠赴省試序、梅溪王先生文集前集卷十七）

王氏藉師弟賢愚關係，證知韓愈立論不妄，頗有先見之明。

三、倡導興學

　　自唐以來，朝廷博士制度已衰，社會亦無講學風氣，學業局限於門第之中。於是佛家寺院起而擔當社會教育之責，故唐人習業山林之風甚盛。〔註8〕

〔註8〕可參見劉翔飛《唐人隱逸風氣及其影響》，1997年台大中文研究所碩士論文。

韓愈於潮州興學，興愷悌之風，（潮州請置鄉校牒、韓昌黎文集校注本文外集上卷）。

　　至宋初，學校教育（胡安定蘇湖學規）與私人講學（孫明復泰山書院）始興，除了廣立學校，更著重培養師資；孫復與其弟子石介爲師道尊嚴的代表。范仲淹行政教合一之旨，興學舍、聚徒講學，使士大夫注重矯厲風節。二程指導人心修養，主張鞭辟近裏的教學法。呂大鈞〈鄉約〉推廣社會教育。朱子重興白鹿洞書院，親定教條學規，開示讀書方法，培養教學精神，並延請陸九淵至白鹿洞，宣講「君子喻於義，小人喻於利」。另外，呂祖謙聚徒講學，呂本中徧從名師。（以上綜合《宋明理學概述》各章大義）這些都明白表現宋儒振興學校教育的積極態度。

　　大抵初期以設書院學校爲多，中期則重私人討論。以下先就范仲淹興學的情況作一敘述。

　　宋初開國數十年間，對於科舉頗爲注意，但對興學則不甚重視。范仲淹早年刻苦讀書，深知一般士人就學困難，私人求師尤屬不易。因此爲官以來，對於興學設教視爲要途，盡力提倡。早年〈上執政書〉即有此主張：

> 當深思治本，漸隆古道，先於都督之郡，復其學校之制，約周宜之法，興闕里之俗，辟文學掾以專其事。敦之以詩書禮樂，辨之以文行忠信。必有良器，蔚爲邦材，況州縣之用乎？（范文正公集卷八）

起初他所提倡的興學主張未被採用，直至任參知政事，始孚重用。其任官所至之處，均首設學校，延聘良師。《年譜》〔註9〕云：

> 公舉進士爲廣德軍司理參軍。初廣德人未知學，公得名士三人爲之師，於是郡人之擢進士第者相繼於時。

後鎮守蘇州時，又首建郡學，聘胡安定爲師。立經義、治事二齋，爲蘇學學規。《年譜》嘗載蘇州郡學設立的經過情形：

> 先是公得南園之地，既卜築而將居焉，陰陽家謂必踵出公卿。公曰：「吾家有其貴，孰若天下士咸教育於此？貴將無已焉。」遂即地建學。既成，或以爲太廣，公曰：「吾恐異日患其隘耳。」

後經其子擴充，蘇州郡學之規模遂甲於東南，而令其地人才輩出。范氏又於謫居饒州時，亦建立學校。《年譜》謂：

> 公又遷建饒之郡學，饒之山大率秀拔，公識其形勝，曰妙果院，一

───────────────

〔註9〕《范文正公年譜》，乃宋時兆文等校正。

　　塔高峙，當城之東南，屹立千餘尺。城之下枕瞰數湖，水脈連秀。
　　於是名之曰：「文筆峯」、「硯池」。學既建，而生徒浸盛，由公遷址
　　而建也，且曰二十歲後當有魁天下者。逮治平乙巳，彭汝礪果第一
　　人及第。公沈幾遠識如此。

在潤州時亦建學，〈與李泰伯書〉（范文正公集尺牘卷下）曾謂：「今潤州初建
郡學，可能屈節教授？」范仲淹任官各地，遷徙甚勤，所至之處，為時均暫，
但必先為興學延師，可以見其對於作育人材之重視。

　　至任參知政事，其普遍設立學校之主張，乃得以實現。《宋史・選舉志》
載稱：

　　時范仲淹參知政事，意欲復古勸學，數言興學校，本行實。詔近臣
　　議，於是宋祈等奏：「教不本於學校，士不察於鄉里，則不能覈名實；
　　有司束以聲病，學者專向記誦，則不足以盡人才。參考眾說，擇其
　　便於今者，莫若使士皆土著而教之於學校，然後州縣察其履行，則
　　學者修飭矣。」乃詔州縣立學。

從此州縣普設學校，所作〈邠州建學記〉（范文正公集卷七）一文，曾述及當
時地方奉詔建學情形。後王安石又命各州置學官，給田贍士，宋代學校制度
更為完備。南遷以後，學校雖衰，但講學之風已盛，書院繼續興起。故兩宋
學術發達，人才眾多，實由范仲淹倡導興學，開其端緒。〔註10〕

　　宋樓鑰（1137～1213、字大防）針對韓愈在潮州置鄉校、驅鱷魚一事，
表示推崇：

　　在廣極東，以揭陽為列郡。自唐而後，有昌黎之遺風。置鄉校以教
　　千里之民，驅鱷魚以除百世之害。坐使蠻夷之地，一如畿甸之間。（代
　　謝知潮州啓、攻媿集卷六五）

韓愈貶潮州後，大力興學，實踐其儒家理想，後人傳為美談。

第三節　師道與道統

　　韓愈思想中的道是往各種方向展開的，但在各種方向的輻射中，總有一
個輻射的中心，以免雜而無統，往而不還。而韓愈思想中，足以作為輻射中

〔註10〕以上略本劉季洪〈范仲淹對於宋代學術之影響〉一文，收入宋史研究集第一
　　　集，頁359～360。

心的，莫過於他站在信奉實踐（也就是後來理學家喜歡提的「安身立命」）的立場，認為儒家思想有一種值得奉獻追求的道。而這種道，如果從個人的立場而言，可以作為個人平日生活的準則，並貫串到所有的人生活動範圍；如就民族文化而言，也可以成為其在歷史活動的主要線索，貫穿了所有的活動。在韓愈看來，華夏民族原有這種「道」的，而且一度還曾綿密相承——這也就是後人所謂的「道統」，只可惜後來中斷了：

> 斯道也，何道也？曰：即吾所謂道也，非向所謂老與佛之道也。
> 堯以是傳之舜，舜以是傳之禹，禹以是傳之湯，湯以是傳之文武
> 周公，文武周公傳之孔子，孔子傳之孟軻。軻之死，不得其傳焉。
> （原道）

至於為何會造成「不得其傳焉」的結果，在韓愈看來，除了儒家本身的因素使然外，最重要的莫過於來自佛道兩教的衝激壓抑，使得儒家在後來歷史的發展，成了「黃老于漢，佛于晉魏梁隋之間」（原道）的局面，原來相傳的一貫之道——儒道，至此乃奄奄一息，不復能振。為了重整儒家舊有的精神，韓愈乃尚友古人，從古代聖賢當中，尋得批判異說最強烈的孟子，作為他自己的精神導師。

認可人師以傳道為第一要務後，道的賡續，即所謂「道統」。韓愈這個觀念十分強烈，並以繼承道統自期。

至南宋朱子，「道統」一詞始於《中庸章句》序中出現。謂堯傳授「允執厥中」給舜，舜傳授「人心惟危，道心惟微，惟精惟一，允執厥中。」（尚書大禹謨）給禹，以下自成湯、文、武，聖聖相承以至於孔子。孔子繼往開來，遞傳予顏回、曾子而至於子思、孟子。二程子則得孟子以後所失傳之統緒。朱子詳列道統傳承的目的，在於他以繼承道統為己任。事實上，他在當時已被列入道統，因為在《中庸章句序》完成的將近十八年前，李元綱（生卒不詳，字國紀）撰《聖門事業圖》（1172），其中〈傳道正統〉已將朱子納入道統傳承者之列。上自伏羲、神農、黃帝、堯、舜、禹、湯、文、武、周公、孔子、曾子、子思、孟子，下至周子（敦頤）、二程、朱子，其中曾子、子思、周子等人是否可入道統的問題，由於他們所傳的道較偏於中庸之道，遂暫歸作一類。另外，荀子、揚雄、董仲舒、王通等人可否入道統，更廣受議論；由於他們所傳的道較偏於仁義之道，遂歸作另一類。這兩類之爭，實際上是對於「道」的本身內容的認定。同時，在先決條件上，必須釐清道究

竟有沒有統，能否賴聖賢而傳的問題，才有繼續研究的價值。

　　以下先行討論道是否有統的問題，再將以中庸為重點的道統觀及以仁義為重點的道統觀兩大主題深入探究，俾能對道統不再局限於一般性的認識上。

一、道是否有統

　　宋儒開始對於宇宙人生的根源──「道」作較深入的探究。大致分為兩派：一派認為道是不可變的；從倫理規範的角度，視「道」為萬物綱常、政治理想、品德操守和生活境界；其義遍載於六經，有賴人師講授而得以流傳，以聖人孔子為代表（故又名為「聖人之道」、「孔子之道」）；後世祖述而師尊之，既經「定名」，〔註11〕其在於人心者，恆常自若，故所重在經典及師承，皆為明不變之道而設。另有一派學者則以歷史的眼光，認為道是可變的；從太極形上的角度，視「道」為陰陽消長、生生不息、代代興替，固不賴一人而恢弘，亦不因一人而廢興，故所重在歷史教訓。

　　主張道不可變者，如何把這個道從潛存隱微的狀態下彰顯出來，乃成為這一派學者所討論的重點。韓愈以傳道為己任，宋儒特別推崇他這一點，如孫復、石介皆尊他為孟子以來傳承儒道的賢者代表。

　　（1）孫　復

　　　　石　介

　　孫復曰：

　　　　自夫子沒，諸儒學其道，得其門而入者鮮矣。惟孟軻氏、荀卿氏、
　　　　揚雄氏、王通氏、韓愈氏而已。（上孔給事書、孫明復小集卷二）

　　石介曰：

　　　　孔子後，道屢廢塞；闢於孟子，而大明於吏部。（尊韓、徂徠石先生
　　　　全集卷七）

並稱：「孔子為聖人之至，吏部為賢人之卓」（同上）。尊韓愈為賢人的代表。

　　（2）李石（1108～？，字知幾，號方舟）

　　李石提出三項史實，以明師道傳之有素。其言曰：

〔註11〕〈原道〉云：「仁與義為定名，道與德為虛位」。道和德可有儒家與佛老各異，
　　　　並行不悖的情形；仁與義則只屬儒家，故曰：「定名」。

問：退之爲蜀之日，子厚爲越之雪，夫師至於二子，可無憾也。然尚以怪取吷，是知師道固難矣。師固以道教人也，學者受其說，行之終身，非若今之傳授句讀，僅能與乳褓爭長，雖日更一師，初不損益也。（言師人則亡矣，其道果盡無傳乎？諸弟子以有若似夫子，而曾子有所不從。如曾之意，必得孔子復生後師之，則師道廢矣。然子夏、曾子各以其說教授，其所以授學者，果出聖人之意乎？秦人焚書而賴以不絕者，師道在也。漢興，六經各習其師，名爲專門。如匡衡有師道可觀，如張禹有師法可試。夫六經亦多說矣，而所謂可觀、可試者，果何在乎？諸君之學，豈但句讀，其必所傳有素。試爲言退之、子厚所以取怪於人，與夫曾子所不願於有若，而漢儒各知有師傳者，願共學焉。毋略。（策問、方舟集卷七）

他首先指出由於時勢環境的封閉，致使韓柳取怪於人；接著徵引古事，謂孔子殁後，曾子不欲因有若貌似孔子而使弟子師事之，可見其不輕許人爲師；又謂秦焚書坑儒之後，外在的憑藉俱失，幸賴師師相授，方能維持道業於不墜。

至於主張道可變的學者，則是針對韓愈慨歎孟子之死，道不得傳（原道、韓昌黎文集校注本卷一）這一點，提出相反的意見。

（1）晁說之（1059～1129，字以道）

晁說之從天不言而高、日月朝夕生生不息的觀點，說明道不待師而傳：

天無待而高者也，日月無待而明者也。人之生於天，朝夕日月，無所待而知高也，亦無所待而知其明也。聖人之道，曷獨不然？韓退之讀孟軻書，然後知孔子之道尊；晚得揚雄書，益信孟氏；又得荀氏於軻、雄之間。何邪？孔子固聖人，熟知後世必有人，曰：孟軻能明吾道而尊之耶？脫如後世遂無孟軻，則孔子之道泯滅不傳歟？至於卿、雄，則復何力之有？一何量聖人淺而自待之厚邪？（辯誣、嵩山文集卷十四）

道之恆存，不言而明；傳或不傳，非繫諸師。故韓愈推尊孟軻、荀卿、揚雄啓道之功，晁氏頗不以爲然，嫌其重末而忘本。

（2）邵博（？～1158，字公濟）

邵博也提出「聖人之道不爲一人而廢、一人而興」的論點，批評韓愈對孟子稱譽太過。他說：

自孟軻、揚雄沒，傳其道而醇者，唯韓愈氏而已。然其言孟軻輔聖

明道之功不在禹下，斯亦過矣。得非美其流而忘其源乎？…孔子之
道，衣被天地，陶甄日月，萬類之性、人靈之本，孰不由其德而能
存乎？苟一日失之，則鳥獸之不若也。當周之亡，辯詐暴橫，聖人
之道，偶不行於一時，亦獨天地之晦、日月之蝕，運之常也，復何
傷乎？孟軻學聖者也，憤然而興，闢楊墨，誅叛義，以尊周公、孔
子，信有大功於世。然聖人之道，無可無不可，苟當時軻之徒，不
能力排楊、墨，橫遏異端，明仁義以訓天下，則聖人之教果從而廢
乎？（邵氏聞見後錄卷十三）

邵博認為孔子之道大，譽之不足益，毀之不足損。孟子之傳孔道，雖寓大功，
然僅增華其榮，無所補益。

　　此一觀點與晁說之相同，均以韓愈推尊孟子太過，以致輕忽孔子。事實
上韓愈對孔子亦甚為尊崇，此由其列孔子於道統之中，即足以證明（已見第
三章第一節）。唯因道之不傳也久，為振興斯道，特舉孟子傳授之功而尊崇之，
並以之自勗。惜晁、邵二氏僅見韓氏行事之跡，而忘其終極目的，遂有如此
大的誤解。

　　然則，韓愈對於道之歷史觀又是如何呢？韓愈本六經孔孟之言而發明
道。嘗云「始吾讀孟軻書，然後知孔子之道尊，聖人之道易行。」（讀荀、韓
昌黎文集校注本卷一）；又鄙棄科舉，欲作唐之一經（答崔立之書、韓昌黎文
集校注本卷三）。如此宗經徵聖之思想，自然認為道不可變，而推崇傳道之師。
其云：「周之衰，好事者各以其說干時君，紛紛藉藉相亂，六經與百家之說錯
雜。然老師大儒猶在。」（韓昌黎文集校注本卷一）除了肯定師之影響力大於
經典外，亦說明了道之恆常不變；不然，治世有治世之道，亂世有亂世之道，
人貴自悟，則不待師之啟導。至於「軻死不得傳」的道統觀，朱子的解釋為
「道之大要在乎仁義。自孟子沒，未有倡為仁義之說者，此道所以為不傳也。」
（李公常語上、朱文公文集卷七三）道乃萬物與人事之常，本於仁義，出自
儒家；然由漢以來，佛老顯行，故儒道式微。韓公此說實寓深意，不宜以純
理學的觀點推求。

　　事實上，既對「道」的存在持肯定態度，則「道」已可傳承；既有傳承，
其中便蘊涵「統」。有「道」而不云「統」，則「道」只是孤立的存在。因傳
承關係，「道」得以綿延不絕，並發揚光大。至於傳的人選、傳的方式內容，
又是另一個問題，以下便加以討論。

二、著重中庸的道統觀

自朱子提出「允執厥中」為堯、舜、禹三聖傳承的心訣以來，附和者雖多，亦有疑其為偽者，例如以為這句《尚書‧大禹謨》的話是偽襲《荀子》。不過，由於《中庸》對於天人性命的問題討論甚詳，遂引起朱子極大的注意。他對此書的重要性，有系統性的論究：

> 《中庸》為何而作也？子思子憂道學之失其傳而作也。蓋自上古聖神，繼天立極，而道統之傳有自來矣。…夫堯、舜、禹，天下之大聖也；以天下相傳，天下之大事也。…自是以來，聖聖相承，若成湯、文、武之為君，皋陶、伊、傅、周、召之為臣，既皆以此而接夫道統之傳。若吾夫子，則雖不得其位，而所以繼往聖、開來學，其功反有賢於堯舜者。然當是時，見而知之者，惟顏氏、曾氏之傳得其宗。及曾氏之再傳，而復得夫子之孫子思，則去聖遠而異端起矣。（中庸章句序、朱文公文集卷七六）

無論聖君或賢臣皆得以承傳道統，屬於政教合一的層面。至於將顏淵納入曾子、子思的系統，可能是由於顏子的安貧樂道以及不貳過的修養境界，遂引起宋儒的熱烈討論。〔註12〕

三、著重仁義的道統觀

以上一項是經由顏子、曾子、子思等道統人物，所展現的有關中庸之道的種種問題。以下再就荀子、揚雄、董仲舒、王通等人可否入於道統的爭論，作一探析：

韓愈在〈讀荀〉（韓昌黎文集校注本卷一）篇裏，雖稱美荀子要旨多與孔子切合，又讚揚雄著書，能使孟子之道益尊，皆有功於世教；不過，與醇儒孟子比較之下，荀揚二子不免「擇焉不精，語焉不詳」（同上），而有「大醇小疵」之憾，故未曾列入他的道統。宋儒之中，或據此而將荀揚摒斥，〔註13〕但是大

〔註12〕自周濂溪《通書》〈顏子〉章首慕顏子安貧樂道，後末程頤答胡瑗策問，撰有《顏子所好何學論》（二程集伊川文集卷四），教人須尋孔顏樂處。又，朱子與門人之問答，就顏子不遷怒、不貳過一事，認為「纔云不遷，則與聖人之怒亦有些異。」（朱子語類卷三〇）可見討論之熱烈。

〔註13〕孫復將荀、揚二人皆入道統（信道堂證、孫明復小集卷二），石介以「周公、孔子、孟軻、揚雄、文中子、吏部之道」，為「堯、舜、禹、湯、文、武之道」，也是「三才、九時、五常之道。」（怪說中，徂徠石先生全集卷五）以揚雄為

多數的學者，仍舊將他們列入道統之中。〔註14〕

　　至於董仲舒，雖未嘗為韓愈所稱道，但宋儒對他賦予極大的關注。其因在於他的「正其誼不謀其利，明其道不計其功」的道德標準，與宋儒特明義利之辨，有十分密切的關係。因而孫復便將韓愈列為始終不叛離仁義聖道者。〔註15〕

　　有關隋儒王通（字仲淹，號文中子）列入道統與否的問題，最引起宋儒的爭議。有的對王通崇尚儒學給予極高的評價；〔註16〕有的認為韓愈未能發明王通，誠為憾事；〔註17〕有的雖把他納入道統，卻並未多作解釋；〔註18〕贊同之外，也有持相反意見者。〔註19〕大抵說來，以錢賓四先生的解說較為完備。錢先生謂王通對於佛法雖曾接觸，然別有見地，非能從表面判之。《中說》一書，承兩漢儒風，通經致用，以關心政道治術為主，乃粹然儒者之言。〔註20〕

　　朱子嘗對荀、董、揚、王、韓五人加以比較（語類卷一三七），謂惟有董仲舒堪與王通相上下，可見主尊王通。王通欲在事業上模擬周公、孔子，韓愈亦未嘗不然，從此處可以看出朱子取董、王、韓的標準，仍建立在事功之上，而事功的依據，還從孔孟仁義而來。

　　　　西漢道統之代表。

〔註14〕如程朱學派尊孔孟，認為荀子「性惡」說未能尊孔；揚雄雖著《法言》仿論語、《太玄》仿易，然不免為文人之雄，故不宜列入道統。

〔註15〕孫復雖在道統中未列董仲舒（參信道堂記、孫明復小集卷二），但又認為「至於終始仁義、不叛不離者，惟董仲舒、揚雄、王通、韓愈而已。」（答張洞書、孫明復小集卷二）

〔註16〕高似孫認為王通「拳拳於六經之學，自孟子而下未有也」（文中子、子略卷四）。足見王通為醇儒，應入道統。

〔註17〕晁補之對韓愈未能發明王道，引為憾事。（策問十九首，雞肋集卷卅七）一方面認為王通尊崇孔子，其才可比擬孟、荀、揚，然而其書《中說》未能流傳於世，弟子也莫能稱道師門。一方面又對於韓愈期許極深，既然他對於孟子、荀子及揚雄皆能發前人之所未發，卻未能彰顯王通，實在值得疑慮。因此作成策問來考學生。

〔註18〕例如孫復〈信道堂記〉云：吾之所謂道者，堯、舜、禹、湯、文、武、周公、孔子之道也，孟軻、荀卿、揚雄、王通、韓愈之道也。（孫明復小集卷二）

〔註19〕蘇洵以韓愈上繼揚雄，未在道統中列入王道。他說：自孔子沒，百有餘年而孟子生；孟子之後，數十年而至荀卿子；荀卿子後，乃稍闊遠，二百餘年而揚雄稱於世；揚雄之死，不得其繼，千有餘年而後屬之韓愈氏。韓愈氏沒，三百年矣，不知天下之將誰與也？（上歐陽內翰第二書、嘉祐集卷十一）

〔註20〕參見錢賓四先生〈讀王通中說〉，《中國學術思想史論叢》四之四，頁1～15。

四、三代與漢唐

朱彝尊〈道傳錄〉（曝書亭集卷三五）稱朱子論學者道統，已排除漢唐諸儒。這牽涉三代與漢唐消長的問題。上述屬於中庸之道的道統人物，皆處三代；而屬於仁義之道的道統人物，則處兩漢隋唐（包括韓愈）。儘管韓愈推尊三代王政，以傳道為己任；然而他自己卻無法免於被宋儒摒棄於道統之外的命運。這其中的矛盾值得探討，主要牽涉時代觀念與社會標準的不同。先從經學的觀點來看（道統承續的內容即為儒家經典）：宋儒直求義理，捨棄漢唐訓詁。宋代解經的特色，已能自傳統的注疏中解脫出來，發揮批判、實證的精神。例如孫復〈春秋尊王發微〉，捨王弼、韓康伯的易說及三傳，直求聖人之心。（參見孫明復小集卷二、寄范天章書二）又如王安石《三經新義》，排斥舊註而出新說。廢止帖經墨義，專依經義，蔚為新學；雖遭元祐諸公壓制，卻因此而刺激了程伊川選注《易傳》，探求儒書的精微。這樣一來，對經書義理的發揚更啟發了宋代理學，使之蓬勃發展。二者關係極為密切。〔註21〕

孔子祖述堯舜、憲章文武，開創了後世在政治上也輔成的正統的儒學。雖然談過去的事有「文獻不足徵」的問題，所謂「夏禮吾能言之，杞不足徵也；殷禮吾能言之，宋不足徵也。」（論語八佾）三代尚且如此，何況堯舜！但孔子卻相信這裏有一條脈絡相承的線索，所以說「殷因於夏禮，所損益可知也；周因於殷禮，所損益可知也。」（論語為政）由這樣推下去，雖十世亦可知。（同上）孟子更演繹出一套「五百年必有王者興」（孟子公孫丑下）的歷史哲學觀，為韓愈所尊奉。韓愈堅強信念的根源，即在聖人相傳的倫理教化及道德規範；而正式提出「道統」之名的朱子，其信念來源則是在千聖相傳的心，以及此心所把握的實理，因此，道統成立的真正基礎在於此心此理之體認。〔註22〕（劉述先《朱子哲學思想的發展與完成》頁421）

基於著眼點的不同，有助於了解宋儒不列韓愈於道統的理由。雖然唐宋儒在大體上——尤其與政治對立時——皆視道統的中心思想是「道德」，並以師儒為其主體。不過宋儒道學者格於現實情勢，幾乎難以用世，乃把全付精

〔註21〕黃俊傑從朱子《孟子集註》中對天人性命、本體工夫的闡述，看出發揚經書的義理，與宋代理學的勃興有密不可分的關係。參見《儒學傳統與文化創新》頁39。

〔註22〕劉述先在〈道統之建立與朱子在中國思想史上地位之衡定〉一章，強調朱子的堅強信念的真正根源是在千聖相傳之心，以及此心所把握之實理。這些是用切問而近思的方式，當下即可以體証的道理，…由此可見「道統成立的真正基礎在於此心此理之體認」。

神放在修身（含教育）方面，並且對天人關係作進一層精密的抽剝，因此，由內聖之學的觀點來看，漢唐著重事功與文治（姚鉉曰：「有唐三百年，用文治天下。」《唐文粹》序）不過是外現的「跡」而已。宋明道學家的重點，放在「如何作復性的功夫，使生生不已的天道當下體現於自己的生命之內；客觀外在的成就則有賴於實際的機緣。」（朱子哲學思想的發展與完成，頁388）因而程明道曰：「唐、虞事業，自堯、舜觀之，亦就一點浮雲過於太虛耳。」（河南程氏粹言卷二）

朱子以道統之傳繫于人心與道心，而人心道心之分別在理和欲——存天理去人欲的實踐修養工夫，才是朱子所讚揚的。無怪乎他要說「退之卻見得大綱，有七八分見識，如〈原道〉中說得仁義道德煞好；但是他不去踐履玩味，故見得不精微細密。」（朱子語類卷一三七）又認為韓愈於道已見得五分，卻只用力於文章。儘管又讚賞韓愈做文章時工夫的細密，卻遺憾他只在文章上做工夫，到底還在文章圈子。不過，為達勸世效果，韓愈「依稀說得略似」（朱子語類卷九三），畢竟仍有其價值。

另外，由於朱子所列道統人物並未特別注重傳經之師，於是有日本學者謂朱子道統等同禪門傳燈，或受其影響。例如：太田悌藏《禪と倫理》第十章〈唐宋儒學の倫理思想と禪〉頁311載：

> 韓愈は、儒者としては、宋學のいわゆる道統の説の先蹤として、堯舜禹湯文武、周公孔子孟子の道統を唱え、特に孟子を高く評価したことが、後の宋学興隆について一応の功績であつた。この道統論は、後に説こうと思う同時代の李翺の編した「復性書」によつては、孔孟の中継として顏回、曾子、子思が挙げられ、禪宗の嫡々相承の伝灯の説に対応することができた。

以上可大略解釋為：

> 韓愈是宋學中所謂「道統說」的先尊。他提倡堯舜禹湯文武周公孔子孟子的道統，特別是給孟子高的評價這一點，對以後宋學的興隆頗有功勞。這個道統論根據是稍後要說的同時代的李翺所編「復性書」，列舉了孔子孟子之間的顏回、曾子、子思，和禪宗的一脈傳燈之說，可以對應來看。

這個觀點，陳榮捷先生已辨之甚明，他提出（1）禪宗傳燈有衣鉢，（2）且以宗門為本位，兩大證據來證明禪宗與儒家以「道」為中心的道統觀迥然不同。

（參見中國哲學辭典大全，道統一詞注釋）本文試圖釐清儒家以「道」為中心的道統，這個「道」的內含指涉究竟屬於朱子一派，抑或屬於韓愈一派？期望能據以對道統觀念有更明確的認識。

第五章　結　論

　　韓愈（768～824）是中唐時期一位特立獨行的人物，「動而得謗，名亦隨之」（進學解、韓昌黎文集校注本卷一）。在他生前身後，都頗招爭議。大體而言，宋代理學運動興起後，追本溯源，十分推崇韓愈開疆闢域的功勳。例如石介論曰：「孔子後，道屢廢塞，闢於孔子，而大明於吏部。」（尊韓、徂徠石先生全集卷七）蘇軾也讚曰：「匹夫而爲百世師，一言而爲天下法。是皆有以參天地之化、關盛衰之運，其生也有自來，其逝也有所爲矣。」（潮州韓文公廟碑、經進東坡文集事略卷五五）自宋至今，近一千年來，學者對韓愈注目甚多。對他在中國文學史上的地位，多持肯定態度；然而他在思想史上的地位，則頗受爭議。例如宋儒雖頌讚韓愈排佛的勇力，但對於他只從倫理日用間論道言性，多半覺得有所欠缺，這便牽涉到韓愈與宋儒雙方在認知上的差異。例如朱子認爲道是太極，是一切萬物的根源；然而韓愈卻賦予道在倫理上的意義，認爲道的本質是倫理德目，道的內涵總括爲仁義，順著仁義而行就是儒家之道。因此從朱熹（形上）的角度看來，韓愈對於道只能見其用，而不能見其體；只能在「治國平天下處用功，而未嘗就其身心上講究持守。」（答廖子晦，朱文公文集卷四五）大致說來，從人倫事功到心性持守，由具體作爲而至抽象形上，就是從韓愈到宋儒在觀念上的變化。

　　排斥佛老邪說，重振儒家之道，爲韓愈一生致力的目標。從他排佛老，立道統與倡師道的過程中，可看出其思想的中心，即在於「道」的發揚。「道」是中國文化史中極爲常用的一個概念，在宗教、哲學的領域如此，在文學、藝術，甚至政治、社會的領域內也是如此。韓愈思想中，也時常可見「道」的描述，文以載道、師以傳道、提倡道統等觀念，是一般比較耳熟能詳的幾個主題。然而若仔細辨認韓愈所說的道，其意旨究竟爲何，卻又不易確定。

最主要的原因，是韓愈雖重視道，但他所重視的，是道的實質內涵，也就是〈答侯繼書〉（韓昌黎文集校注本卷三）裏所謂的：「所志惟在其意義所歸」；而不是道的語言概念爲何。因爲在韓愈看來，道只是「虛位」（原道）；道、佛兩家，及其他的巫工百技，也各有他們的道。但「其所謂道，道其所道，非吾所謂道也。」（同上）要確定彼此間道的歧異何在，最重要的不是在言語概念上析辯，而是要順著「道」的概念所指，看它的實質內涵爲何。因此，韓愈在論述「道」時，往往作具體而細節的敘述，加上與現實背景及先儒思想的對照，才完整地將他所理解的「道」舖陳出來。

考察韓愈所舖陳的「道」之意義，發現這個觀念牽連的問題很多，事實上可以算是包含很多不同成分在內的「觀念叢」。〔註 1〕其中最主要的意義，是他用來破除佛老虛無概念的「仁義」，因爲這個道德範疇才稱得上是「定名」，爲堯舜周孔以下一貫相傳之道。然而，佛老思想在心性論與形上學方面早有建樹，吸引了無數豪傑之士；韓愈爲了與之對抗，也不得不張皇幽渺，提出性三品說，以及天意人事雖交感，卻也會異情的說法。此外，佛老之所以大爲興盛，與佛教、道教有寺廟、道觀的組織，以及傳播教義的比丘、道士有關；後一因素尤爲密切。韓愈爲了使儒家經典上所記載的道，能在當時廣爲流通，對於廟學制度自然非常重視——韓愈曾任掌管地方教化的刺史，也曾任教於國子監，更能使理論與實際配合起來。此外，韓愈提倡「師道」，作〈師說〉，並挺身出任，對於當時及後世的影響都很深遠。特別凸顯人師有「傳道」的責任，這一點意義尤爲重大。

韓愈師道的理論與實踐，宋儒批評者少，稱美者多，且影響甚深。而他排佛的不遺餘力，固然廣受讚揚；但對他排佛的理由，宋儒則聚訟紛紜，認爲不夠深入；對他排佛採取的實際行動，更是詬病再三。其中與大顛和尚交往一事，似乎成了韓愈晚節不保的一項鐵證。從而懷疑他陽儒陰釋，表裏不一；與宋儒注重心性修養，砥礪節操的風義大不相合。因此對他的批評較爲嚴苛，意見相當紛雜。其中固然有不少見解十分精闢，但也有些意見是錯誤的，甚至非常荒謬。關於這個問題的爭議，從北宋初年開始，就逐步形成了肯定、否定與調和折衷三大派別。〔註 2〕而環節相扣又衍生出對韓文公〈與大

〔註 1〕「觀念叢」一詞的解釋，參見黃俊傑編譯《史學方法論叢》。
〔註 2〕肯定韓愈信佛者以陳善爲代表，否定者以文天祥爲代表，調和折衷者則以朱子爲代表。

顚師書〉一文的眞僞問題的論辯；宋代一些著名的學者皆曾參與，如歐陽修、蘇軾、司馬光、陳善、朱熹等等，其論辯之久、影響之大，顯而易見；直到近代，仍未有定論。因此必須全面系統地歸納分析歷代學者對韓愈研究的內容，才能清楚在對韓愈思想的研究過程中，所發生的種種分歧和爭議。

　　然而，若不以「後出轉精」的標準爲依據（自宋代以後，對於道德的理解日益深刻，在理學的思想中，不論是程朱陸王，都已要求學者能達到性天相通的境地，因此，他們對於道德行爲的要求，也就愈趨於精密嚴格。韓愈生平行事，在此背景對照下，自然顯得有些缺憾。），直接從唐朝士人階層所能接受的道德規範來說，韓愈這些受譏評的行爲，恐怕未必如此嚴重。〔註3〕

〔註3〕《新唐書韓愈本傳》稱：「愈性明銳，不詭隨。」故能直言極諫，無畏於權貴。韓愈嘗作「伯夷頌」，稱揚伯夷耿介處，過於武、周聖人，並籍以自況；嘗云：不一至貴人之門；人之所趨，僕之所傲。與己合者，則從之遊；不合者，雖造五廬，未嘗與之坐。（答馮宿書）

如此耿介不群，連退之自己也不禁歎曰：「此豈徒致謗而已？不戮於人則幸也。」（答馮宿書）至於頗爲人議之〈三上宰相書〉、〈潮州刺史謝上表〉等文，遣辭頗傷詔諛；而因服硫磺致一病不痊而卒之事，似乎皆與其平生抱負——介然有守和至死不失大節——尤其矛盾，後人亦難免有所微言。雖然歷來批評者持論不盡爲空穴來風，而韓愈之言行也未必全然可取；但是事情之眞相，後人難免疏略，且古今行事標準也不必一致，故議者亦不免有欠公允之處。此事羅師聯添已詳加考證，並作出合理的推論；於此不復贅言，而所要補充者有二：

（1）韓愈汲求富貴，乃爲成其救世之志——孔子嘗視富貴如浮雲，然後儒矯激，遂漸以富貴爲恥。韓愈卻認爲「汲汲於富貴以救世爲事者，皆聖賢之事業。」（與衛中行書）其理由是：「士常患勢卑，不能推功德及人；常患貧，無以奉所欲得。」（榮陽鄭公神道碑文）故「凡貧賤之士，必有待然後能有所立。」（太學生何蕃傳）所待者何？乃王公貴人，故曰：「布衣之士，身居窮約；不借勢於王公大人，則無以成其志。」（與鳳翔邢尚書書）因而，攀附權貴成爲貧士（包括他自己）知名於世的必要方式。由此可知，韓愈認爲：借勢於王公貴人以求富貴的終極目的，乃在成其救世之志。韓愈以經世濟民，成就道德爲己任，其攀附權貴之目的，與詔媚阿曲、惟利是圖者的區別，全視彼此之目的與存心。亦即布衣貧士其心，並非汲汲於飲食衣服之豐富，則借勢王公，以求取富貴，並不算「詔」。（與鳳翔邢尚書書、與衛中行書）

（2）韓愈剋己兼事權貴，並非曲附詔諛——韓愈認爲布衣之士須借王公權貴之勢，方能成全其救世濟民之志。既然借勢於王公，在態度上難免卑下，舉止極易流於阿諛詔媚，不過，韓愈的行爲，在表面上儘管被人誤解，實際上他仍能堅守原則。「答馮宿書」一文，便一面爲己身辯解——鑒於起初傲直鯁介，獲罪於人的行事，爲避謗乃轉而「剋己自下，雖不肖人至，未嘗敢以貌慢之；況時所尚者邪！」然此舉並非「委曲從順，向風承意」。韓愈此言已明白劃清二者的界限。一面慨歎當世不復有「聞流言不信其行」之人——由於

　　韓愈在中國思想史上之所以有其重要性，不僅在於他所舉述的社會現象層面，而且他能針對佛老的精神與理論，提出另一種角度的看法，勇於與之抗衡；同時大致皆能實踐其理想，弘揚師道，確立道統。從歷史意義看來，代表經過千餘年的佛老盛行之後，儒家精神有從眠蟄中胎動的跡象。錢賓四先生舉出韓愈在其當世，有兩事足堪標榜：

> 一則當時全國上下，羣奉佛教，韓公昌言闢佛，因論佛骨表，貶潮州。但佛教實主出世，唐末五代，一世黑暗，宋初有僧智圓，在佛寺中勸和尚們讀韓文，期待國家社會稍有規格秩序，和尚們再可安居佛寺中信佛，此其一。第二是當時惟佛寺中和尚得稱師，全國學術界已無師稱，獨韓公作爲師說，以師道自居，柳宗元謂：今之世不聞有師，獨韓愈不顧流俗，犯笑侮，抗顏爲師，以是得狂名。自謂才能勇敢不如韓退之，故不爲人師。但宋元明清四代，中國學術界仍有師弟子一倫，此一轉變，不能不追溯到韓公。（爲誹韓案鳴不平、誹韓案論叢，頁 61～62）

韓愈的排佛與師道，其時代意義歷久彌新；他在思想史上的定位，透過宋人的評議乃愈發凸顯。

十目所視，避謗已無甚作用；然而「君子不爲小人之洶洶而易其行」（答馮宿書引荀子天論篇語），「彼時何卒卒，我志何曼曼。」（秋懷詩十一之三），且如陽城受薦爲諫議大夫，並不以富貴（祿秩豐沃）而移易其心。（爭臣論）爲了救世濟民的崇高理想目標，韓愈尅己謙下、以事權貴，但仍不失其人格，因此，其心與曲附諂諛、不擇手段者迥異，與他直言骨鯁的性格也並不發生衝突。另外，值得稱述者，韓愈仰對上（權貴）不逢迎曲附，俯對下（貧士）卻十分禮遇，常能禮賢下士，如薦侯喜、孟郊等人入仕，（見後）此種行爲亦迥異於一般走權勢之門者。

附 錄 一

　　韓愈既以傳道自任，後儒亦推崇他載道之功，認為能濟天下之溺（見第三章第一節）。可見「道」的觀念深受韓愈重視。以下試將韓文及韓詩中出現的「道」字逐一歸納，並將其用途和出現次數的多寡比例加以分析，期望能從韓愈對於「道」的意涵處理中得到更明確的詮釋。

　　經由歸納整理的結果，韓愈詩文中出現「道」字一共有四二四次。其中作名詞解釋者，包括原始意義——路（六八次）與引申義：（一）道理（七五次）（二）專指古道、聖人之道（一六四次）（三）表示道德（二十次）（四）泛指天倫政教：天道（二次）、地道（一次）、人道（二次）、家道（一次）、常道（一次）、中道（一次）、直道（二次）、文道（一次）、師道（四次）、教道（一次）、治道（一次）（五）道義（四次）（六）佛老之道（六次）（七）道士（廿二次）（八）道州（縣）（六次）。一共是三八二次。

　　至於作動詞解釋的，包括：（一）稱說（三六次）（二）行走（五次）（三）導引（一次），共是四十二次。

　　若就在韓文或韓詩中出現的比例而言，可作如下一表：

名　詞

	古道	路	道理	道德	道義	天倫政教	佛老之道	道士	州縣
韓文	149	43	66	20	4	15	3	3	6
韓詩	15	25	9	0	0	2	3	19	0

動　詞

	稱說	行走	導引
韓文	26	5	1
韓詩	10	0	0

一、表示崇高的政治理想、品德操守或生活境界

（一）韓　文

其行已不敢有愧於道。（感二鳥賦）

雖舉足以蹈道兮，哀與我者爲誰。（閔己賦）

由是而之焉之謂道。（原道）——兩次

道與德爲虛位。（原道）

故道有君子小人，而德有凶有吉。（原道）

其所謂道，道其所道，非吾所謂道也。（原道）

明先王之道以道之。（原道）

其爲道易明，而其爲教易行也。（原道）

始吾讀孟軻書，然後知孔子之道尊，聖人之道易行。（讀荀）

聖人之道不傳于世。（讀荀）

舉不失辭，待不失道。（愛直贈李君房別）

孔子刪詩書、筆削春秋，合於道者著之，離於道者黜去之。（讀荀）

使其人遇時，援其道而施於國家，功德豈少哉？（讀鶡冠子）

非二師之道本然也。（讀墨子）

師者，所以傳道受業解惑也。（師說）

其聞道也固先乎吾，吾從而師之。（師說）

其聞道也亦先乎吾，吾從而師之。（師說）

吾師道也。（師說）

道之所存，師之所存也。（師說）

非吾所謂傳其道解其惑者也。（師說）

聞道有先後，術業有專攻。如是而已。（師說）

余嘉其能行古道，作《師說》以貽之。（師說）

昔者孟軻好辯，孔道以明。（進學解）

茫乎天運，窅爾神化；道之行也，其庶已乎？（本政）

道之去世，其終不復矣。（本政）

貪邪而亡道，以喪其身者。（圬者王承福傳）

皆豪傑之士，信道篤而自知明也。（伯夷頌）

夫豈有求而爲哉？信道篤而自知明也。（伯夷頌）

夫子既沒，聖人之道不明。（進士策問十三首之四）

其不合於道者幾何？（進士策問十三首之四）

諸生學聖人之道，必有能言是者。（進士策問十三首之四）

所貴乎道者，不以其便於人而得於己乎？（進士策問十三首之五）

而後代之稱道者，咸羞言管商氏，何哉？（進士策問十三首之五）

可以爲有道之士乎哉？（爭臣論）

不求聞於人也，行古人之道。（爭臣論）

惡得爲有道之士乎哉？（爭臣論）

有道之士，固如是乎哉？（爭臣論）

不得已而起，守其道而不變。（爭臣論）

得其道，不敢獨善其身，而必以兼濟天下也。（爭臣論）

未得位，則思修其辭以明其道，我將以明道也，非以爲直而加人也。（爭臣論）

陽子可以爲有道之士也。（爭臣論）

宗廟社稷之事雖小，不可以不專；敬之至也，古之道也。（省試學生代齋郎議）

孰非由聖人之道，爲君子之儒者乎？（省試顏子不貳過論）

攷之於聖人之道，差爲過耳。（省試顏子不貳過論）

不以富貴妨其道，不以隱約易其心。（省試顏子不貳過論）

任重道遠，竟莫之致。（省試顏子不貳過論）

其於聖人之道不亦遠乎？（省試顏子不貳過論）

伏惟兄道德純明，躬行古道。（與李秘書論小功不稅書）

僕自得聖人之道而誦之，排前二家有年矣。（答張籍書）

謂愈之質有可以至於道者。（重答張籍書）

其道雖尊，其窮也亦甚矣。（重答張籍書）

然觀古人，得其時行其道，則無所爲書。（重答張籍書）

其行道、其爲書、其化今、其傳後，必有在矣。（重答張籍書）

抑非好己勝也，好己之道勝也；非好己之道勝也，己之道乃夫子孟軒揚雄所傳之道也。若不勝，則無以爲道。（重答張籍書）

記曰：「張而不弛，文武不能也。」惡害於道哉？（重答張籍書）

足下才高氣清，行古道，處今世。（與孟東野書）

是故學成而道益窮，年老而智愈困。（答竇秀才書）

惟是鄙鈍不通曉於時事，學成而道益窮，年老而智益困。（上兵部李侍郎書）

抑所能言者，皆古之道。古之道不足以取於今。吾子何其愛之異也？（答尉遲生書）

以爲事大君子當以道，不宜苟且求容悦。（上留守鄭相公書）

論道經邦之暇，捨此宜無大者焉。（上宰相書）

其業則讀書著文歌頌堯舜之道。（上宰相書）

今有人生七年而學聖人之道以修其身。（上宰相書）

是果於自棄而不以古之君子之道待吾相也。（上宰相書）

愚不惟道之險夷，行且不息，以蹈於窮餓之水火，其既危且亟矣。（後十九日復上書）

故士之行道者，不得於朝，則山林而已矣。（後二十九日復上書）

然彼五子者，且使生於今之世，其道雖不顯於天下，其自負何如哉？（答崔立之書）

君子則不然，處心有道，行己有方。（答李翊書）

其思廣聖人之道邪？（重答李翊書）

有所能人雖盲，當廢於俗輩，不當廢於行古人之道者。（代張籍與李浙東書）

然愈之所志於古者，不惟其辭之好，好其道焉爾。（答李秀才書）

愈之志在古道，又甚好其言辭。（答陳生書）

皆好其聞命而奔走者，不好其直己而行道者。聞命而奔走者，好利者也；直己而行道者，好義者也。（上張僕射書）

韓愈之事執事，不以道，利之而已耳。（上張僕射書）

至於是而不悔，非信道篤者其誰能之？（答胡生書）

謀道不謀食，樂以忘憂者，生之謂矣。（答胡生書）

側聞閣下抱不世之才，特立獨行，道方而事實；卷舒不隨乎時，文武唯其所用。（與于襄陽書）

愈也道不加修而文日益有名。夫道不加修，則賢者不與；文日益有名，則同進者忌。（與陳給事書）

足下曰：命之窮通，自我爲之。吾恐未合於道。（與衛中行書）

乘之有道，步驟折衷；少必無疾，老必後衰。（上張僕射第二書）

若聖人之道不用文則已，用則必尚其能者。（答劉正夫書）

儻矜其拘綴不得走請，務道之傳而賜辱臨；執經座下，獲卒所聞，是爲大幸。（答殷侍御書）

何有去聖人之道，捨先王之法，而從夷狄之教，以求福利也？（與孟尚書書）

假如釋氏能與人爲禍祟，非守道君子之所懼也。（與孟尚書書）

若君子也，必不妄加禍於守道之人。（與孟尚書書）

楊墨交亂，而聖賢之道不明。（與孟尚書書）

夫楊墨行，正道廢。（與孟尚書書）

及秦滅漢興且百年，尚未知修明先王之道。（與孟尚書書）

二帝三王群聖人之道於是大壞，後之學者無所尋逐。（與孟尚書書）

雖然，使其道由愈而粗傳，雖滅死萬萬無恨。（與孟尚書書）

愈將進童子於道，使人謂童子求益者，非欲速成者。（贈張童子序）

是故道莫大乎仁義，教莫正乎禮樂刑政。施之於天下，萬物得其宜；措之於其躬，體安而氣平。（送浮屠文暢師序）

吾聞鳥有鳳者，恒出於有道之國：當漢時，黃霸爲潁川，是鳥實集而鳴焉。（送何堅序）

吾道於衡潭以之荊，累累見孟氏子焉，其所與偕盡善人長者，吾益以奇之。（送孟秀才序）

讀書以爲學，纘言以爲文，非以誇多而鬥靡也。蓋學所以爲道，文所以爲理耳。（送陳秀才彤序）吾常以爲孔子之道大而能博，……而欲之聖人之道，猶航斷港絕潢以望至於海也。故求觀聖人之道，必自孟子始。（送王秀才序）

爲旭有道，利害必明，無遺錙銖。（送高閑上人序）

載書冊，問道所由，告行於常所來往。……有執爵而言者曰：大夫眞能以義取人，先王眞能以道自任，決去就，爲先生別。（送石處士序）

思古人而不得見，學古道則欲兼通其辭，通其辭者，本志乎古道者也，古之道，不苟譽毀於人。（題哀辭後）

子之峻明，我鈍而頑，道既云異，誰從知我。（祭穆員外文）

禮陟配天，言以道終，其德協天也。（黃陵廟碑）

子厚前時少年，勇於爲人，不自貴重顧藉，謂功業可立就，故坐廢退；既退，又無相知有氣力得位者推挽，故卒死於窮裔，材不爲世用，道不行於時也。（柳子厚墓誌銘）

與之遊者，自少及老，未嘗見其言色有若憂歎者，豈列禦寇、莊周等所謂近於道者邪？（唐故朝散大夫尚書庫部郎中鄭君墓誌銘）

銘曰：惟古於詞必己出，降而不能乃剽賊。後皆指前公相襲，從漢迄今用一律。寥寥久哉莫覺屬，神徂聖伏道絕塞。既極乃通發紹述，文從字順各識職，有欲求之此其躅。（南陽樊紹述墓誌銘）

周天子穆王無道，意不在天下。（衢州徐偃王廟碑）

琯相玄宗肅宗，處艱難中，與道進退，薨贈太尉。（清河郡公房公墓碣銘）

法曹之終，諸子實幼，煢煢其哀，介介其守，循道不違，厥聲彌劭。（河南府法曹參軍盧府君夫人苗氏墓誌銘）

始至戶部侍郎，君之子四人，官又卑，翱其孫也，有道而甚文，固於是乎在。（故貝州司法參軍李君墓誌銘）

在宰相位凡五年，所奏於上前者，皆二帝三王之道。（故金紫光祿大夫檢校尚書左僕射同中書門下平章事兼汴州刺史充宣武軍節度副大使知節度事管內友度營田汴宋亳潁等州觀察處置等使上柱國隴西郡開國公贈太傅董公行狀）

今聖道大明，儒風復振；恐須革正，以贊鴻猷。（請復國子監生徒狀）

臣少涉經史，粗知古今，天與朴忠，性惟愚直。知事君以道，無憚殺身。（爲裴相公讓官表）

先天不違謂之法天，道濟天下謂之應道。……國內無饑寒，四夷皆朝貢，可謂道濟天下矣。（賀冊尊號表）

伏惟皇帝陛下，德合覆載，道光軒虞。（賀慶雲表）

身雖賤微，然皆以選擇得備學生，讀六藝之文，修先王之道；粗有知識，皆由上恩。（請上尊號表）

夫古之人四十而仕，其行道爲學，既已大成，而又死之不倦。……夫今之人務利而遺道，其學其問，以之取名致官而已。（上考功崔虞部書）

必望審察而遠思之，務使合於孔子之道。（與少室李拾遺書）

嚮令三師恥獨行，慕通達，則堯之日，必曰得位而濟道，安用讓爲？（通解）

火洩於密，而爲用且大，能不違於道，可燔可炙，可鎔可甄，以利乎生物；及其放而不禁，反爲災矣。水發於深，而爲用且遠，能不違於道，可浮可載，可飲可灌，以濟乎生物；及其導而不防，反爲患矣。言起於微，爲用且博，能不違於道，可化可令，可告可訓，以推於生物；及其縱而不慎，反爲禍矣。（擇言解）

具官崔群，體道履仁，外和內敏，清而容物，善不近名。（除崔群戶部侍郎制）

趙德秀才，沈雅專靜，頗通經，有文章，能知先王之道，論說且排異端，而宗孔氏，可以爲師矣。（潮州請置鄉校牒）

文武之道，秉自生知，孝友之誠，發於天性。（順宗實錄卷第一）

居惟保和，動必循道，識達刑政，器合溫文。（順宗實錄卷第三）

伏惟太上皇帝陛下，道繼玄元，業纘皇極，膺千載之休曆，承九聖之耿光。（順宗實錄卷第五）

伏惟皇帝陛下，道合天地，恩霑動植，邇無不協，遠無不賓。（奏汴州得嘉禾嘉瓜狀）

海上窮處，無與話言；側承道高，思獲披接。專輒有此咨屈，儻惠能降喻，非所敢望也。（與大顛師書）

愈聞道無疑滯。行止繫縛，苟非所戀者，則山林閒寂與城郭無異。……自激修行，獨立空曠，無累之地者，非通道也，勞於一來，安於所適，道故如是。（與大顛師書）

秦傑以顛，徐由遜絲；秦鬼久飢，徐有廟存。婉婉偃王，惟道之耿；以國易仁，爲笑于頑。（衢州徐偃王廟碑、韓昌黎文集卷六）

（二）韓　詩

古道自愚蠢，古言自包纏。（雜詩）

室有周孔堂，道適堯舜門。（附答韓十八馭驥吟）

方將斂之道，且欲冠其顛。（送靈師）

禮賢道何優，奉己事苦儉。（陪杜侍御遊湘西兩寺獨宿有題一首因獻楊常侍）

睇道者誰子？叩商者何樂？（納涼聯句）

美君知道腴，逸步謝天械。（雨中寄孟刑部幾道聯句）

嗟我道不能自肥，子雖勤苦終何希？（送區弘南歸）

又聞識大道，何路補剝朘？（送文暢師北游）

時危抱獨沈，道泰懷同翔。（遣興聯句）

相公罷論道，聿至活東人。（酬裴十六功曹巡府驛途中見寄）

文書自傳道，不仗史筆垂。（寄崔二十六立之）

月以喻夫道，儇佻勵莫虧。（寄崔二十六立之）

學道窮年何所得？吟詩竟日未能迴。（廣宣上人頻見過）

豪家少年豈知道？來繞百匝腳不停。（華山女）

在功誠可尚，於道詎爲華？（奉和在相公太清宮紀事陳誠上李相公十六韻）

二、表示一種法則、學說、興趣或行爲

（一）韓　文

周道衰，孔子沒。（原道）

有聖人者立，然後教之以相生養之道。（原道）

今其法曰，必棄而君臣，去而父子，棄而相生養之道，以求其所謂清淨寂滅者。（原道）

斯道也，何道也？曰：斯吾所謂道也，非向所謂老與佛之道也。（原道）

主而暴之，不得其爲主之道矣。（原人）

策之不以其道。（雜說四首之四）

彼與彼年相若，道相似也。（師說）

古之君天下者，化之不示其所以化之之道；及其弊也，易之不示其所以易之之道。（本政）

其學楊朱之道者邪？楊之道，不肯拔我一毛而利天下。（圬者王承福傳）

無善而好，不觀其道。（好惡箴）

誠率是道，相天下君。（子產不毀鄉校頌）

彼之所以待李生者何道？（愛直贈李君房別）

於李生道猶若也。（愛直贈李君房別）

其丘曰竢德之丘，蔽於古而顯於今，有竢之道也。（燕喜亭記）

抑其道深微不可究歟？（進士策問十三首之二）

今其書尚有存者，其道可推而知不可乎？（進士策問十三首之四）

有神仙不死之道。（進士策問十三首之十三）

是誠何道邪？（進士策問十三首之十三）

有其道而不以教之，不仁；其道雖有而未之知，不智。（進士策問十三首之十三）

此孝子之所以著其情，先王之所以必其時之道也。（改葬服議）

且非國家崇儒勸學誘人為善之道也。（省試學生代齋郎議）

則是學生之教加少，學生之道益賤。（省試學生代齋郎議）

然則擇之道其亦有施乎？抑有待於彼者歟？（太學生何蕃傳）

近者嘗有竟吾子之闕焉無言，意僕所以交之之道不至也。（答張籍書）

其所以慮患之道微也。（重答張籍書）

足下之道，其使吾悲也。（與孟東野書）

不戰而來之之道也。（賀徐州張僕射白兔書）

自以為如此真得事大君子之道。（上留守鄭相公書）

苟以是而為心，則上之道不必難其下，下之道不必難其上。（上宰相書）

亦見國家不以非常之道禮之而不來耳。（上宰相書）

考古之君子相其君之道，而忘自進自舉之罪。（上宰相書）

有觀溺於水而爇於火者，有可救之道而終莫之救也。（後十九日復上書）

雖今之仕進者不要此道，然古之人未有不通此而能為大賢君子者。（答侯繼書）

足下之於故舊之道得矣。（答崔立之書）

讀其文辭，見元賓之知人，交道之不污。（答李秀才書）

愈敢自愛其道而以辭讓為事乎？（答李秀才書）

後乎其文者，飲食旨甘以其外物供養之道也。（答陳生書）

朋友道缺絕久，無有相箴規磨切之道，僕何幸乃得吾子。（答馮宿書）

然閔其（指李翱、張籍）棄俗尚而從於寂寞之道，以之爭名於時也。（與馮宿論文書）

今執事之與司貢士者，有相信之資，謀行之道。惜乎其不可失也。（與祠部陸員外書）

獨執事眇然高舉，有深思長慮，爲國家樹根本之道，宜乎小子之以此言聞於左右也。（與祠部陸員外書）

誠不自識其言之可采與否？其事則小人之事君子盡心之道也。（與祠部陸員外書）

豈非待士之道未甚厚，遇士之禮未甚優。（與鳳翔邢尚書書）

欲求得士之道，盡於此而已。（與鳳翔邢尚書書）

若果能是道，愈見天下之竹帛不足書閣下之功德。（與鳳翔邢尚書書）

愈於足下忝同道而先進者，又常從遊於賢尊給事：既辱厚賜，又安得不進其所有以爲答也？（答劉正夫書）

天地鬼神臨之在上，質之在傍。又安得因一摧折，自毀其道以從於邪也？（與孟尚書書）

吾待足下雖未盡賓主之道，不可謂無意者。（答呂醫山人書）

陸君之道行乎朝廷，則天下望其賜。刺一州，則專而不能成。（送陸歙州詩序）

習其儀則行其道，則將謂子君子也。（送陳密序）

吾爲博士，堅爲生，生、博士爲同道。其識堅也十年，爲故人，同姓而近也，同業也，同道也，故人也。於其不得願而歸，其可以無言邪？（送何堅序）

能如是，誰不欲告生以其道？（答李翊書）

伏乞特廻所授，以示至公之道，天下幸甚。（爲韋相公讓官表）

後之好者又曰：彼死者皆不得其道也。（故太學博士李君墓誌銘）

伏乞天恩，特授此官，以彰聖朝崇儒尚德之道。（舉薦張籍狀）

持鑑而精氣旁射，照月而陰靈潛下，視而不見，謂合道於希夷。……苟失其道，殺牛之祭何爲？（明水賦）

苟有合孝之道，又不當旌門，蓋生人之所宜爲，曷足爲異乎。（鄠人對）

踐形之道無他，誠是也。（答侯生問論語書）

承命苟貪，又非循省之道，進退反側，無以自寧。（潮州謝孔大夫狀）

將息之道，當先理其心，心閒無事，然後外患不入。（與崔群書）

是以及之，乃相親重之道耳。非所以待足下者也。（與崔群書）

誰言臣子道，忠孝兩全難。（送汴州監軍俱文珍）

生而其家富貴，長而不有其藏一錢。妻子告不足，顧且笑曰：我道蓋是也。皆應曰：然。無不意滿。（南陽樊紹述墓誌銘）

（二）韓　詩

陸君之道行乎朝廷，則天下望其賜。（送陸歙州詩并序）

吾言子當去，子道非吾遵。（送惠師）

此猶不自保，吾道何由行？（月蝕詩效玉川子作）

出門各有道，我道方未夷。（出門）

苟異於此道，皆爲棄其身。（謝自然詩）

茲道誠可尚，誰能借前籌？（赴江陵途中寄贈王二十補闕李十一拾遺李二十六員外翰林三學士）

三、表示道德

凡吾所謂道德者，合仁與義言之也。（原道）

老子之所謂道德云者，去仁與義言之也。（原道）

其言仁義道德者，不入於楊，則入於墨。（原道）

後之人其欲聞仁義道德之說，孰從而聽之？（原道）

後之人雖欲聞仁義道德之說，其孰從而求之？（原道）

士之處此世，而望名譽之光，道德之行，難已。（原毀）

聰明不及於前時，道德日負於初心。（五箴序）

古之學者必有師，所以通其業，成就其道德者也。（進士策問十三者之十二）

今之人不及孔子顏回遠矣，而且無師：然其不聞有業不通而道德不成者，何也。（進士策問十三首之十二）

然稱謂所施，簡冊攸著，涵泳道德，感於精誠；仰奉洪徽，有以自竭。（順宗實錄卷第五）

伏惟兄道德純明，躬行古道。（與李秘書論小功不稅書）

雖使古之君子積道藏德遁其光而不曜，膠其口而不傳者，遇足下之請懇懇，猶將倒廩傾困，羅列而進也。（答竇秀才書）

足下猶復以爲可教，貶損道德，乃至手筆以問之。（答崔立之書）

道德之歸也有日矣，況其外之文乎？（答李翊書）

足下徵前世而言之，則知矣；若曰：以道德爲己任，窮通之來，不接吾心，則可也。（與衛中行書）

觀道德於前後，聽教誨於左右，可謂親薰而炙之矣。（送鄭十校理序）

愈弊劣無謂，坐事貶官到此。久聞道德，切思見顏。（與大顛師書）

非有道德智謀，承顧問、贊教化者，乃反得蒙採擢薦進，光耀如此。（感二鳥賦）

天下愈推爲鉅人長德，時天子以爲宰相宜參用道德人，因拜禮部尚書，同中書門下平章事。（唐故相權公墓碑）

愈之宗兄故起居舍人君，以道德文學伏一世。（攷功員外盧君墓銘）

四、泛指天倫政教

（一）韓　文

夫道亂，而日月星辰不得其行。（原人）

地道亂，而草木山川不得其平。（原人）

人道亂，而夷狄禽獸不得其情。（原人）

夫親九族、平百姓、和萬邦，則天道。（進士策問十三首之十一）

人道之常，在側與遠兮，非有不同山川阻深兮。（歐陽生哀辭）

國事既畢，家道乃行：父父子子，兄兄弟弟，雍雍如也，愉愉如也。（貓相乳）

不信常道，而務鬼怪，臨死乃悔。（故太學博士李君墓誌銘）

自誠明者，不勉而中，不思而得，從容中道，聖人也。（省試顏子不貳過論）

前件官學識該達，器量弘深；朝推直道，代仰清節，顯映班序。（舉

韋顗自代狀）

直道敗邪經，拙謀商巧詠。（納涼聯句）

文人得其職，文道當大行。（燕河南府秀才）

師道之不復可知矣。（師說）

師道之不傳也久矣，欲人之無惑也難矣。（師說）

由漢氏已來，師道日微。（進士策問十三首之十二）

禮文殘缺，師道不傳。（與李祕書論小功不稅書）

謹獻舊文一卷，扶樹教道，有所明白。（上兵部李侍郎書）

某等早接遊從，實欽道義。致誠薄奠，以訣終天。（祭裴太常文）

不以明天子在上，賢公卿在下，布衣韋帶之士談道義者多乎？（與李翱書）

是則古之言通者，通於道義；今之言通者，通於私曲。其亦異矣。（通解）

生遠客，恒道守義，非其人不交，得無病乎？（答胡生書）

潮州時，有一老僧號大顛。頗聰明，識道理。遠地無可與語者。（與孟尚書書）

孟夏漸熱，惟道體安和。（與大顛師書）

朕嗣守洪業，敷弘理道（案：避「治」之諱），寧容蠹政，以害齊人，宜加貶黜。（順宗實錄卷第一）

祖以孫尊，孫以祖屈。求之神道，豈遠人情？（禘祫議）

（二）韓　詩

臣聞神道尚清淨，三代舊制存諸書。（豐陵行）

夜夢神官與我言，羅縷道妙角與根。（記夢）

夢山女兒家奉道，欲驅異教歸仙靈。（華山女）

以上所引之「道」，皆含有價值判斷的成分。此外，「道」尚有原始意義——「路」以及「道士」、「道州」二引申意義：

五、表示路

（一）韓　文

遠近慕其德行，來學者相繼於道。（順宗實錄卷第四）

閣下儻引而致之，密加識察，有少不如所言，愈爲欺罔大君子，便宜得棄之罪於門下，誠不忍奇寶橫棄道側。（與袁相公書）

赤令尚與中丞分道而行，何況京尹。（京尹不臺參答友人書）

供給之人，各執其物，夾道而疾馳。（送李愿歸盤谷序）

于時公卿設供張，祖道都門外，車數百兩，道路觀者多歎息泣下，共言其賢。……予忝在公卿後，遇病不能出，不知楊侯去時，城門外送者幾人？車幾兩？馬幾匹？道邊觀者亦有歎息知其爲賢尹否？
（送楊少尹序）

大府帥或道過其府，府帥必戎服左握刀，右屬弓矢，帕首袴鞾迎郊。
（送鄭尚書序）

汴州人歌之曰：濁流洋洋，有闢其郭，闖道讙呼：公來之初，今公之歸，公在喪車。（故金紫光祿大夫檢校尚書左僕射同中書門下平章事兼汴州刺史充宣武軍節度副大使和節度事管內支度營田汴宋亳潁等州觀察處置等使上柱國隴西郡開國公贈太傅董公行狀）

曰：侯喜死不恨矣，喜辭親入關，羈旅道路，見王公數百，未嘗有如盧公之知我也。……此乃市道之事，又何足貴乎。（與汝州盧郎中論薦侯喜狀）

今年諸色舉選宜權停者，道路相傳，皆云以歲之旱，陛下憐憫京師之人，慮其乏食，故權停舉選以絕其來者，所以省費而足食也。（論今年權停舉選狀）

今所用嚴公素者，亦非撫御之才，不能別立規模，依前還請攻討，如此不已，臣恐嶺南一道，未有寧息之時。……昨者併邕容兩管爲一道，深合事宜。……比者所發諸道南討兵馬，例皆不諳山川，不伏水土，遠鄉羈旅，疾疫殺傷，……若令於邕容側近召募添置千人，便割諸道見供行營人數糧賜，均融充給，所費既不增加，而兵士又皆便習。（黃家賊事宜狀）

諸道發兵或三二千人，勢力單弱：羈旅異鄉，與賊不相諳委，望風懾懼，難便前進，……又其本軍各須資遣，道路遼遠，勞費倍多，士卒有征行之艱，閭里離別之思，……伏請諸道先所追到行營者，悉令却牒歸本道，……三數月後，諸道客軍，一切可罷，比之徵發遠人，利害懸隔。……今若分爲四道，每道各置三萬人，擇要害地屯聚一處：使有隱然之望，審量事勢，乘時逐利，可入則四道一時俱發，使其狼狽驚惶，首尾不相救濟。(論淮西事宜狀)

淄青恒冀兩道，與蔡州氣類略同，今聞討伐元濟，人情必有救助之意。……至如淄青恒州范陽等道，祖父各有功業相承命節，年歲已久，朕必不利其土地，輕有改易，各宜自安。(論淮西事宜狀)

并諸道軍諸使家口親族，遞相影占，不曾輸稅。(論變鹽法事宜狀)

貞元十一年九月，愈如東京，道出田橫墓下。(祭田橫墓文)

不如六國公子有市於道者也。(答呂毉山人書)

今舉進士於此世，求祿利行道於此世，而爲文必使一世人不好，得無與操瑟立齊門者比歟？(答陳商書)

久不談，聊感足下能自進於此，故復發憤一道。愈再拜。(與馮宿論文書)

不知鞍馬之勤，道途之遠也。(上襄陽于相公書)

當朝廷求賢如不及之時，當道者又皆良有司。(答竇秀才書)

便道取疾以至海上。(新修滕王閣記)

觀察江南西道。(新修滕王閣記)

次其道途所經。(燕喜亭記)

是不敢引公德，而接邦人於道也。(郿州谿堂詩)

有餘，則以與道路之廢疾餓者焉。(圬者王承福傳)

見行有籠白鳥白鸜鵒而西者，號於道曰：(感二鳥賦)

女挐年十二，病在席，既驚痛與其父訣，又輿致走道，撼頓失食飲節，死于商南層峰驛，即瘞道南山下。(女挐壙銘)

今新收，臣又始至；孤怯，須強佐乃濟。發半道，有詔以君還之，

仍遷殿中侍御史,加賜朱衣銀魚。(故幽州節度判官贈給事中清河張君墓誌銘)

德宗如奉天,守卒出公,即馳歸,與母韓國夫人鄭氏拜訣,屬家徒隨走所幸,道與賊遇,七鬥乃至。有功,遷太子諭德,加御史中丞,從幸梁州,天黑失道,識焦中人聲,得見德宗於蟄屋西。(鳳翔隴州節度使李公墓誌銘)

(二) 韓　詩

誰言道里遠,感激疾如神。(北極一首贈李觀)

假道經盟津,出入行潤岡。(此日足可惜一首贈張籍)

道邊草木花,紅紫相低昂。(此日足可惜一首贈張籍)

天明獨去無道路,出入高下窮烟霏。(山石)

我作此詩,歌於遠道。(送陸翁州詩)

衡山與洞庭,此固道所循。(送惠師)

靈師不掛懷,冒涉道轉延。(送靈師)

悠悠指長道,去去策高駕。(縣齋有懷)

崑崙高萬里,歲盡道苦遭。(雜詩四首)

同時輩流多上道,天路幽險難追攀。(八月十五夜贈張功曹)

親逢道邊死,佇立久咿嚘。(赴江陵途中寄贈王二十補闕李十一拾遺李二十六員外翰林三學士)

觀津戚里族,按道侯家子。(附韓十八侍御見示岳陽樓別竇司直詩因令屬和重以自述故足成六十二韻)(劉禹錫)

道途緜萬里,日月垂十齡。(答張徹)

旋歸道廻睨,達枃壯復奏。(南山詩)

專心憶平道,脫險逾避臭。(南山詩)

蹄道補復破,絲窠掃還成。(城南聯句)

爭觀雲與道,助叫波翻海。(鬥雞聯句)

何故中道發,自遺今日殃。(附月蝕詩)

出門愁落道，上馬恐平轎。（酬藍田崔丞立之詠雪見寄）

夾道疏槐出老根，高甍巨桷壓山泉。（和李司勳過連昌宮）

南裔多山海，道里屢紆直。（贈別元十八協律六首）

而喑無詩歌，是不考引而接邦人于道也。（鄆州谿堂詩並序）

萬里休言道路賒，有誰教汝度流沙。（贈譯經僧）

四海日富庶，道途隘蹄輪。（酬裴十六功曹巡府驛塗中見寄）

爲逢桃樹相料理，不覺中丞喝道來。（飲城南邊古墓上逢中丞過贈禮部衛員外少室張道士）

六、表示道士

（一）韓　文

伏惟睿聖文武皇帝陛下，神聖英武，數千百年已來，未有倫比。即位之初，即不許度人爲僧尼道士，又不許創立寺觀。臣常以爲高祖之志必行於陛下之手。（論佛骨表）

若官自糶鹽，不問貴賤貧富，士農工商、道士僧尼，并兼游惰，因其所食，盡輸官錢。（論變鹽法事宜狀）

二月五日恩赦，今月二十四日卯時到州，當時集百官僧道百姓宣示訖。（皇帝即位降赦賀觀察使狀）

（二）韓　詩

事嚴跡秘莫鬼窺，道人獨上偶見之。（峋嶁山）

明年更發應更好，道人莫忘鄰家翁。（杏花）

非癡非狂誰氏子，去入王屋稱道士。（誰氏子）

黃衣道士亦講說，座下寥落如晨星。（華山女）

張道士，嵩高之隱者。（送張道士並序）

寄跡老子法中爲道士，以養其親。（送張道士并序）

乃著道士服，眾人莫臣知。（送張道士並序）

元和七年十二月四日，衡山道士軒轅彌明自衡下來。……道士啞然笑曰：「子詩如是而已乎？」……喜思益苦，務欲壓道士，……畢即

傳道士，道士高踞大唱曰：……道士奮觺曰：「不然，章不可以不成也。」……道士曰：「此皆不足與語。……道士寂然，若無聞也。……道士倚墙，鼻息如雷鳴。……驚顧覓道士，不見。……天且明，道士起出門。……間遂詣余言，余不能識其何道士也。」（石鼎聯句詩并序）

七、表示道州

（何）堅，道州人。道之守陽公賢也。道於湖南爲屬州，湖南陽公又賢也。堅爲民，堅又賢也。湖南得道爲屬，道得堅爲民。堅歸唱其州之父老子弟服陽公之令；道亦唱其縣與其比州服陽公之令。（送何堅序）

八之一、作動詞，當「稱說」解

（一）韓　文

念慮所及，輒欲不自疑外，竭其愚而道其志；況在執事之所孜孜爲己任者，得不少助而張之乎？（與祠部陸員外書）

其時桓譚亦以爲雄書勝老子。老子未足道也，子雲豈止與老子爭彊而已乎？此未爲知雄者。（與馮宿論文書）

大受足下，辱書，爲賜甚大；然所稱道過盛，豈所謂誘之而欲其至於是歟？（與衛中行書）

以此忽忽思與足下相見一道其懷。（與崔群書）

凡諸淺者固不足道，深者止如此。（與崔群書）

如生之徒於我厚者，知其賢，時或道之，於生未有益也。（答胡生書）

言不敢盡其誠，道有所屈於己。（上張僕射書）

生之自道其志可也，其所疑於我者非也。（重答翊書）

小人受私恩良久，安敢閉蓄以爲私恨？不一二陳道，伏惟相公憐察，幸甚幸甚。（上留守鄭相公啓）

然猶不敢公傳道之，口授弟子，至於後世，然後其書出焉。（重答張籍書）

嗣爲銘文，薦道功德。（科斗書後記）

故於使君行道刺史之事，以爲于公贈。（送許郢州序）

天下之所窺觀稱道洋洋者，抑亦左右前後有其人乎？（愛直贈李君房別）

故吾樂爲天下道其爲人焉。（愛直贈李君房別）

丞相以子應詔，眞誠知人，士不通經，果不足用，於是相屬爲詩以道其行云。（送殷員外序）

喜有賞，怒有刑，才畯滿前，道古今而譽盛德，入耳而不煩。（送李愿歸盤谷序）

東野之徙於江南，有若不釋然者，故吾道其命於天者以解之。（送孟東野序）

自雖二帝三王之聖，若不存紀錄，則名氏年代，不聞于茲，功德事業，無可稱道焉。（進順宗皇帝實錄表狀）

坐則與從史說古今君臣父子，道順則受成福，逆輒危辱，誅死。（唐朝散大夫贈司勳員外郎孔君墓誌銘）

法曹出，徑歸臥家，念河南勢弗可敗，氣憤弗食，嘔血卒，東都人至今猶道之。（處士盧君墓誌銘）

自即大位已來，於今四年，凡所施者無不得宜，勤儉之聲，寬大之政，幽閨婦女，草野小人，皆飽聞而厭道之。（與少室李拾遺書）

盍賦詩以道其行乎？（送浮屠令縱西游序）

濟逢父子自吾人發春秋美君子樂道人之善，夫苟能樂道人之善，則天下皆去惡爲善。（答元侍御書）

夫樂道人之善，以勤其歸者，乃吾之心也。（送楊支使序）

凡所謀議於上前者，不足道也，故其事卒不聞。（故金紫光祿大夫檢校尚書左僕射同中書門下平章事兼汴州刺史充宣武軍節度副大使知節度事管內支度營田汴宋亳潁等州觀察處置等使上柱國隴西郡開國公贈太傅董公行狀）

於是昌黎韓愈道願留者之心而泄其思，作詩曰：……（送陸歙州詩并序）

（二）韓　詩

聞道郭西千樹雪，欲將君去醉如何？（聞梨花發贈劉師命）

酸寒何足道，隨事生瘡疣。（赴江陵途中寄贈王二十補闕李士拾遺李二十六員外翰林三學士）

聞道松醪賤，何須恡錯刀。（潭州泊船呈諸公）

由來命分爾，泯滅豈足道？（秋懷詩十一首）

小生何足道，積慎如觸薰。（雨中寄孟刑部幾道聯句）

誠宜率先作歌詩以稱道盛德，不可以辭語淺薄。（元和聖德詩并序）

問之不肯道所以，獨繞百帀至日斜。（李花二首）

道舊生感激，當歌發酬酢。（晚秋郾城夜會聯句）

聞道韓夫子，還同此寂寥。（附酬韓祭酒雨中見寄）

八之二、作動詞，當「行走」解

故學者必慎其所道。道於楊墨老莊佛之學，而欲之聖人之道，猶航斷港絕潢以望至於海也。（送王秀才序）

其所謂道，道其所道，非吾所謂道也。（原道）

愈嘗從事於汴徐二府，屢道於兩府間。（張中丞傳後敍）

八之三、作動詞，當「導引」解

明先王之道以道之。（原道）

附 錄 二

　　由「道」的觀念加以延伸，則與「道」有相關性質的「德」、「仁」、「義」等修養項目，自然也具備討論的價值。因此下面繼續歸納「德」、「仁」、「義」三者在韓文與韓詩中的出現次數，以便能清楚了解韓愈對它們的重視程度，並可收相互比較、勘察分析之效。

　　在韓愈的詩文中，不論是「德」、「仁」還是「義」，它們有時單獨出現，具備完整的意義；有時則是和其他的字附著或呈對比，而形成另一個較為狹義的觀念。因此在統計時便根據這個現象，把有關的詩文羅列出來，查閱時自然能一目瞭然。下面先以表格作概略的區分，詳細資料則附列於後：

	德（名詞）	德（動詞）	功德	聖德	威德	盛德	德行	文德	武德	材德	德藝	德音	其他	總計
韓文	79	2	20	8	3	4	11	3	2	3	3	3	4	145
韓詩	17	0	3	0	4	1	0	0	0	0	0	0	0	25

	仁	仁義	仁德	仁愛	仁智	仁慈	仁恕	仁勇	賢仁	其他	總計
韓文	16	29	2	3	2	2	1	1	2	7	65
韓詩	7	3	1	0	0	0	0	0	0	0	11

	義	德義	信義	恩義	詞義	文義	義行	義理	義勇	其他	總計
韓文	34	3	2	1	2	3	5	2	0	4	56
韓詩	7	0	0	2	2	1	1	0	2	0	15

▲德

一、韓　文

足乎已，無待於外之謂德。（原道）——兩次

傳曰：古之欲明明德於天下者，先治其國。（原道）

其所謂德，德其所德，非吾所謂德也。（原道）

而德有凶有吉。（原道）

事修而謗興，德高而毀來。（原毀）

麟之所以爲麟者，以德不以形。（獲麟解）

維吾王之德，交暢者有五，是其應乎？（河中府連理木頌）

人樂王德，祝年萬億。（河中府連理木頌）

天子之光，庶德昭融，神斯降祥。（河中府連理木頌）

其丘曰竢德之丘。……谷言德，瀑言容也。……谷言容，瀑言德也。
（燕喜亭記）

是不考引公德，而接邦人於道也。（鄆州谿堂詩）

秦穆之德，不踰於二霸。（進士策問十三首之三）

其位等，其德同。（進士策問十三首之三）

不以德進，不以言揚，蓋取其人力以備其事而已矣。（省試學生代齋
郎議）

今國家德厚流光，創立九廟。（禘祫議）

馴其心，化我德也。（賀徐州張僕射白兔書）

誅姦諛於既死，發潛德之幽光。（答崔立之書）

上無以承事于公，忘其所以報德者。（上張僕射書）

夫人李姓，隴西人，君在，配君子無違德。（考功員外盧君墓銘）

其子暢命其孫立曰：乃祖德烈靡不聞。…其大者莫若眾所與，觀所
與眾寡，茲可以審其德矣。…且可以爲相，其德不既大矣乎？（考
功員外盧君墓銘）

裴爲顯姓，入唐尤盛，支分族離，各爲大家，惟公之系，德隆位細，

曰子曰孫，厥聲世繼。（河南少君裴君墓誌銘）

無乃傷于德而費於辭乎？（爭臣論）

士大夫之去位而巷處者，誰與嬉遊？小子後生於何考德而問業焉？
（送溫處士赴河陽軍序）

爵位豈多，半塗以稅，壽考豈多，四十而逝，惟其不有，以惠厥後，
是生相君，爲朝德首，行世祖之，文世師之。（唐故相權公墓碑）

天下愈推爲鉅人長德。（唐故相權公墓碑）

方戰未利，内驚京師，羣公上言，莫若惠來帝爲不聞，與神爲謀，
乃相同德，以訖天誅。（平淮西碑）

詩御與周君於今爲先輩成德，李生溫然爲君子，有詩八百篇，傳詠
於時。（送湖南李正字序）

業業魏土，嬰兒戲兵，吏戒愁毒，莫保腰頸，人曰田侯，其德可倚，
叫譟奔趨，乘門請起，田侯攝事，奉我天明。（魏博節度觀察使沂國
公光廟碑銘）

盧某舊門，承守不失其初，其子女聞教訓，有幽閒之德，爲公子擇
婦，宜莫如盧氏。（扶風郡夫人墓誌銘）

銘曰：陰幽坤從，維德之恒，出爲辨強，乃匪婦能。（扶風郡夫人墓
誌銘）

自天子而下，北面跪祭，進退誠敬，禮如親弟子者。句龍弃以功，
孔子以德，固自有次第哉！（處州孔子廟碑）

銘曰：……遙遙厥緒，夫子是承。我敬其人，我懷其德。作詩孔哀，
質于幽刻。（唐故國子司業竇公墓誌銘）

銘曰：氣銳而堅，又剛以嚴，哲人之常。愛人盡己，不倦以止，乃
吏之方。與其友處，順若婦女，何德之光。墓之有石，我最其迹，
萬世之藏。（故江南西道觀察使贈左散騎常侍太原王公墓誌銘）

一年，徵拜左司郎中，又出刺絳州，綿綿之人至今皆曰：於我有德。
（南陽樊紹述墓誌銘）

爰初在家，孝友惠存；乃及于行，克媲德門。（河南府法曹參軍盧府

君夫人苗氏墓誌銘）

銘曰：夫人本宗，世族之後，率其先猷，令德是茂，爰歸得家。（河南緱氏主簿唐充妻盧氏墓誌銘）

感知己之難遇，大閤下之德，而憐侯生之心，故因其行而獻於左右焉。（與汝州盧郎中論薦侯喜狀）

刺臂出血，書佛經千餘言，期以報德。（唐故贈絳州刺史馬府君行狀）

東作可期，南畝有望，此皆陛下與天合德。（爲宰相賀雪表）

臣誠見陛下具文武之德，有神聖之姿，啓中興之宏圖。…實羣臣盡節之日，才智效能之時，聖君難逢，重德宜報。（爲裴相公讓官表）

此由天授，陛下神聖英武之德，爲巨唐中興之君。宗廟神靈，所共祐助。（論捕賊行賞表）

又蒙赦其罪累，授以方州：德重恩弘，身微命賤，無階答謝，惟積慙惶，無任感恩慙惕之至。（袁州刺史謝上表）

臣聞王者必於嗣位之始，降非常之恩，所以象德乾坤，同明日月。（賀赦表）

父母有光於周道，恭惟懿德，克配前芳。（賀冊皇太后表）

又據考經援神契曰：王者德至山陵，則慶雲出。…伏惟皇帝陛下，德合覆載。（賀慶雲表）

侍郎官重，尚德之舉，顗宜當之，乞迴臣所援。（舉韋顗自代狀）

戣爲人守節清苦，議論平正，今年纔七十，筋力耳目，未覺衰老，憂國忘家，用意深遠，所謂朝之耆德老成者。…七十求退，人臣之常禮，若有德及氣力尚壯，則君優而留之，不必年過七十，盡許致事也。（論孔戣致仕狀）

朝之碩德，久處散地，實非所宜，乞以代臣，以副公望。（舉張正甫自代狀）

明爲君德，因取以名焉。…出自方諸，午似鮫人之淚，將以贊于陰德，配夫陽燧，…始漠漠而霜積，漸微微而浪生，豈不以德協于坎。（明水賦）

尚書咸有一德亦曰：七世之廟，可以觀德。（請遷玄宗廟議）

及貳儀曹，升擢惟允，邁茲令德，藹然休聲。（除崔羣戶部侍郎制）

天睠唐邦，錫之元臣，肫肫元臣，其德孔碩，不謟不笑，不威不赫，不求其盛，不致其敵，爰立作相，訏謨實勤，出若無辭，疇德之聞。（祭董相公文）

孔子曰：道之以政，齊之以刑，則民免而無恥，不如以德禮為先，而輔以政刑也，夫欲用德禮，未有不由學校師弟子者。（潮州請置鄉校牒）

自膺上嗣，毓德春闈，恪慎于厥躬，祗勤於大訓。（順宗實錄卷第一）

左降官雖有名德才望，以微過忤旨譴逐者，一去皆不復敘用。至是人情大悅。（順宗實錄卷第二）

勵爾以主鬯之勤，以貞萬國之心，以揚三善之德。…德協元良，禮當上嗣，朕奉若丕訓，憲章前式。（順宗實錄卷第三）

皇太子某，睿哲溫文，寬和慈惠；孝友之德，愛敬之誠。（順宗實錄卷第五）

又下誥曰：人倫之本，王化之先，爰舉令圖，允資內輔，式表后妃之德，俾形邦國之風，茲禮經之大典也。（順宗實錄卷第五）

臣聞上聖玄邈，獨超乎希夷，疆名之極，猶存乎罔象，豈足以表無為之德，光不宰之功？…體堯之德，與神同符，其動也天，其靜也地，巍巍事表，無得而言。…內睦于九族，外勤於萬機，問寢益嚴，侍膳無曠，推此至德，以安庶邦，朕之知子，無愧天下。（順宗實錄卷第五）

王者德至於地，則嘉禾生。（奏汴州得嘉禾嘉瓜狀）

選牲為酒，以報靈德也。…賴神之德，夙夜不敢忘。（潮州祭神文五首）

因銘其陰，以大振顯君夫人之威神，以報靈德。（祭湘君夫人文）

博士固，中儒過黃，唱業於前。至司徒安，懷德於身，袁氏遂大顯。（袁氏先廟碑）

袁自陳分，初尚寒連。越秦造漢，博士發論。司徒任德，忍不錮人。
收功厥後，五公重尊。（袁氏先廟碑）

二、韓　詩

德風變讒巧，仁氣銷戈矛。（遠游聯句）

有能必見用，有德必見收。（駑驥贈歐陽詹）

大哉陽德盛，榮茂恒留春。（送惠師）

我念乾坤泰大，卵此惡物常勤劬。（射訓狐）

藩都配德運，分宅占丁戊。（南山詩）

積照涵德鏡，傳經儷金籯。（城南聯句）

德孕厚生植，思熙完剛剕。（城南聯句）

處子窈窕王所妃，茍有令德隱不腓。（送區弘南歸）

歲星主福德，官爵奉董秦。（附月蝕詩）

土星與土性相背，反養福德生禍害。（附月蝕詩）

一主刑，一主德。（附月蝕詩）

感荷君子德，悅若乘朽棧。（贈張籍）

高居朝聖主，厚德載羣生。（大行皇太后輓歌三首）

自知無以致，蒙德久猶疑。（病鴟）

猶有國人懷舊德，一間茅屋祭昭王。（題楚昭王廟）

人由戀德泣，馬亦別羣鳴。（次石頭驛寄江西王十中丞閣老）

服章豈不好，不與德相對。（朝歸）

▲功德

一、韓　文

自古多有以功德得其位者，不得常祀。（處州孔子廟碑）

自雖二帝三王之聖，若不存紀錄，則名氏年代，不聞于茲；功德事
業，無可稱道焉。（進順宗皇帝實錄表狀）

竊惟自古神聖之君，既立殊功異德卓絕之跡，必有奇能博辯之士，
為時而生，持簡操筆，從而寫之。（進撰平淮西碑文表）

創業以來，列聖功德未有能高於陛下者，可謂赫赫巍巍，光照前後矣。（論捕賊行賞表）

至於論述陛下功德，與詩書相表裏。（潮州刺史謝上表）

來獻羊馬，千里不絕；功既如此，德又如彼。（請上尊號表）

荀卿曰：有天下者祭七代，有一國者祭五代。則知天子上祭七廟，典籍通規，祖功宗德，不在其數。…伏以今年宗廟遞遷，玄宗明皇帝在三昭三穆之外，是親盡之祖，雖有功德，新主入廟，禮合祧藏太廟中。（請遷玄宗廟議）

其事業功德，老而益明，死而益光，故詩曰：雖無老成人，尚有典型。言老成之可尚也。（上考功崔虞部書）

得一名，獲一位，則棄其業而役役於持權者之門，故其事業功德，日以忘，月以削，老而益昏，死而遂亡。（上考功崔虞部書）

十三年春，將如京師，相國隴西公飲餞於青門之外，謂功德皆可歌之也，命其屬咸作詩以鋪繹之。（送汴州監軍俱文珍序）

官職雖分，而功德有巨細，其有忠勞於國家也同。（河南府同官記）

愈見天下之竹帛不足書閣下之功德。（與鳳翔邢尚書書）

故于今頌成王之德而稱周公之功不衰。（後二十九日復上書）

得之於功，或失之於德。（貓相乳）

今夫功德如是，祥祉如是，其善持之也可知已。（貓相乳）

功德豈少哉？（讀鶡冠子）

嗣爲銘文，薦道功德。（科斗書後記）

臣伏聞宰相公卿百官及關輔百姓耆臺等，以陛下功崇德鉅，天成地平，宜加號於殊常，以昭示於來代。（賀冊尊號表）

順宗皇帝以上聖之姿，早處儲副，晨昏進見，必有所陳。二十餘年，未嘗懈倦；陰功隱德，利及四海。（進順宗皇帝實錄表狀）

二、韓　詩

國家功高德且厚，天位未許庸天下。（永貞行）

逍遙功德下，不與事相摭。（和裴僕射相公假山十一韻）

聖賢相遇少,功德今宣昭。(和李相公攝事南郊覽物興懷呈一二知舊)

▲聖德

當大有爲之時,得非常人之佐,然後能上宣聖德,以代天工。如臣等類,實不克堪。(爲裴相公讓官表)

提挈而來,生致闕下,此象既見,其應不遙,斯皆陛下聖德所施,靈物來效,太平之運,其在於今。(爲宰相賀白龜狀)

雖在蠻荒,無不安泰,聞臣所稱聖德,惟知鼓舞謹呼,不勞施爲,坐以無事。(潮州刺史謝上表)

伏乞宣付史官,以彰聖德所致,瞻戀闕廷,心魂飛馳,無任欣抃踊躍之至。(賀慶雲表)

臣聞聖人之德,與天地通。誠發於中,事應於外,始聞其語,今見其眞。(賀雨表)

伏今乞有司重擧舊章,一皆放免,仍勒長吏嚴加檢責。如有隱漏,必重科懲,則四海蒼生,孰不感荷聖德。(應所在典帖良人男女等狀)

若形勢已窮,不能爲惡者,不須過有殺戮;喻以聖德,放之使歸,銷其凶悖之心,貸以生全之幸,自然相率棄逆歸順。(論淮西事宜狀)

輒依古作四言〈元和聖德詩〉一篇,凡千有二十四字。(元和聖德詩拜序)

▲威德

況自陛下即位已來,繼有丕績。…威德所加,兵不汙刃。(論捕賊行賞表)

比緣邕管經略使多不得人,德既不能綏懷,威又不能臨制:侵欺虜縛,以致怨恨。(黃家賊事宜狀)

非閣下條理鎮服,布宣天子威德,其何能及此?(上李尚書書)

僕射領此門,威德壓胡羯。(送文暢師北遊)

況今天子鋪德威,蔽能者誅薦受機。(送區弘南歸)

西戎之看,此虜之渠;怛威愧德,失據狼狽;收其種落,逃遁遠去。(請上尊號表)

怛威赧德，跾踖蹈舞。(元和聖德詩并序)

▲盛德

想拾遺公冠帶就車，惠然肯來，舒所蓄積，以補綴盛德之有闕遺；利加於時，名垂於將來，踊躍悚企，傾刻已冀。(與少室李拾遺書)

其所求進見之士，雖不足以希望盛德，至比於百執事，豈盡出其下哉？(後廿九日復上書)

誠宜率先作歌詩以稱道盛德，不可以辭語淺薄。(元和聖德詩拜序)

仰盛德以安窮分，又何忠之能輸？(復志賦)

昔周有盛德，此鳥鳴高岡。(岐山下二首)

▲文德

蓋以文德廣被，腹心有助焉。(順宗實錄卷第四)

欽若大典，斯為至公，式揚耿光，用體文德，朕獲奉宗廟。(順宗實錄卷第五)

徐處得地中，文德為治。及偃王誕當國，益除去刑爭末事。(衢州徐偃王廟碑)

▲武德

烏氏自莒齊秦大夫以來，皆以材力顯，及武德已來，始以武功為名將家。(烏氏廟碑銘)

不在農夫之田，而在軍田，武德行也。(賀徐州張僕射白兔書)

▲材德

楊凝孟叔度以材德顯名朝廷。及來佐幕府，詣門請交，屏所挾為。(唐故朝散大夫商州刺史除名徙封州董府君墓誌銘)

竟必有魁奇忠信材德之民生其間，而吾又未見也。(送廖道士序)

其監統中貴，必材雄德茂，榮耀寵光，能俯達人情、仰喻天意者，然後為之。(送汴州監軍俱文珍序)

▲德藝

贊於教化，可以使令於上者，德藝之大者也。(省試學生代齋郎議)

學生之所事者德與藝也。以德藝舉之，而以力役之，是使君子而服小人之事，且非國家崇儒勸學誘人為善之道也。（省試學生代齋郎議）

▲德音

君子溫閒，骨氣委和。迹不扼物，心不揚波。澄源卷璞，含白瑳瑳。遺紙一張，德音不忘。（高君畫讚）

又曰：樂只君子，德音不已。謂死而不亡也。（上考功崔虞部書）

先聖賢之德音，以成其文，以輔其質，宜乎從事於是府而流聲實於天朝也。（送楊支使序）

▲德行

詹雖未得位，其聲名流於人人，其德行信於朋友，雖詹與其父母皆可無憾也。（歐陽生哀辭）

公之懿德茂行，可以勵俗，清文敏識，足以發身。（祭薛中丞文）

唯將相能致備物，世邇遠，禮則益不及，在慎德行業治，圖功載名，以待上可。（袁氏先廟碑）

昌黎韓愈紀其世，著其德行，以識其葬。…由侯至于貝州凡五世，其德行曰：事其兄如事其父，其行不敢有出焉。（故貝州司法參軍李君墓誌銘）

老成為伯父起居舍人會後，起居有德行言詞，為世軌式。（韓滂墓誌銘）

遠近慕其德行，來學者相繼於道。（順宗實錄第三）

德行若顏回。（進士策問十三首之十二）

夫人年若干，嫁河南法曹盧府君諱貽，有文章德行，其族世所謂甲乙者。（河南府法曹參軍盧府君夫人苗氏墓誌銘）

詩所謂有覺德行者也。（下邳侯革華傳）

其有尊行美德，建功樹業，令縱從而為之歌頌。（送浮屠令縱西遊序）

▲動詞

德其所德。（原道）

士寧常德之，故致厚眤。（順宗實錄卷第四）

▲仁

一、韓　文

其所以爲性者五，曰仁、曰禮、曰信、曰義、曰智。（原性）

暘烏之仁兮，念此下民。（訟風伯）

閔仁鰥寡，不寧燕息。（河中府連理木頌）

有其道而不以教之，不仁。（進士策問十三首之十三）

患之大小必以力復，斯其所謂仁歟？（太學生何蕃傳）

閣下且以爲仁人乎哉？（後十九日復上書）

矜其愚不錄其罪，察其辭，而垂仁採納焉。（上張僕射書）

漢氏以來，群儒區區修補，百孔千瘡，隨亂隨失；其危如一髮引千鈞，綿綿延延，寖以微滅。於是時也，而唱釋老於其間，鼓天下之眾而從之，嗚呼！其亦不仁甚矣。（與孟尚書書）

工部侍郎尚書，家屬百人，無數畝之宅，僦屋以居，可謂貴而能貧，仁者不富之效也。（送鄭尚書序）

刺史不仁，可坐以罪，惟彼無辜，惠以福也。（潮州祭神文五首）

將俾尹者不仁不明，不能承帝之勅以化正其下。（祭竹林神文）

及由蜀來輩類御史，皆樂在朝廷進取，君獨念寡稚，求分司東出，嗚呼，其仁哉！（殿中侍御史李君墓誌銘）

臣聞體仁長人之謂元。…伏惟元和聖文神武法天應道皇帝陛下，子育億兆，視之如傷，可謂體仁以長人矣。（賀冊尊號表）

小大之材，咸盡其用，無所誅詰，一和以仁，由是五穀歲登，百瑞時見。（請上尊號表）

自桀之前千萬年，天下之人循循然不知忠易其死也，故龍逢哀天下之不仁，覩君父百姓入水火而不救，於是進盡其言，退就割烹，故後之臣竦然而言曰：雖萬死猶有忠而不懼者，況其小者乎？故忠之教行於天下，由龍逢爲之師也。（通解）

二、韓　詩

惻心我以仁，碎首爾何罪？（鬥雞聯句）

孩養無告，仁漓施厚。（元和聖德詩并序）

孰云天地仁？吾欲責眞宰。（嘲鼾睡二首）

我來亦已幸，事賢友其仁。（酬裴十六功曹巡府驛途中見寄）

天失眼不弔，歲月胡其仁？（附月蝕詩）

仁者恥貪冒，受祿量所宜。（寄崔二十六立之）

爲仁朝自治，用靜兵以銷。（和李相公攝事南郊覽物興懷呈一二知舊）

▲仁義

一、韓 文

然賴其言，而今學者尚知宗孔氏、崇仁義、貴王賤霸而已。（與孟尚書書）

所謂病乎在己者，仁義存乎内；彼聖賢者能推而廣之，而我蠢焉爲眾人。（答陳生書）

仁義之人，其言藹如也。（答李翊書）

行之乎仁義之途，游之乎詩書之源。（答李翊書）

伏以閤下内仁而外義，行高而德鉅，尚賢而與能，哀窮而悼屈。（上兵部李侍郎書）

是故蕃之仁義充諸心，行諸太學，積者多，施者不遝也。（太學生何蕃傳）

然後可以行之於仁義之途，措之於安平之地。（進士策問十三首之十）

食粟、衣帛，服行仁義以竢死者，二帝三王之所守，聖人未之有改焉者也。（進士策問十三首之十三）

薄仁義，以爲不足爲。（進士策問十三首之十三）

夫貓，人畜也；非性於仁義者也。（貓相乳）

聞古之人有舜者，其爲人也，仁義人也。（原毀）

仁與義爲定名。（原道）

老子之小仁義，非毀之也，其見者小也。（原道）

彼以煦煦爲仁，孑孑爲義。（原道）

合仁與義言之也。（原道）

去仁與義言之也。（原道）

後之人雖欲聞仁義道德之說，其孰從而求之？（原道）

凡所以君國子民待四方，一出於仁義。（衢州徐偃王廟碑）

詩書禮樂是習，仁義是修，法度是束，一旦去文就武，鼓三軍而進之。（與鄂州柳中丞書）

入吾室，聞詩書仁義之說，欣然喜。（送區冊序）

先生仁且勇，若以義請而疆委重焉。（送石處士）

詹事父母盡孝道，仁於妻子，於朋友義以誠。（歐陽生哀辭）

曰：多矣哉，古未嘗有也，然而必出於己，不襲蹈前人一言一句，又何其難也，必出入仁義，其富若蓄萬物，必具海含地負，放恣橫從，無所統紀，然而不煩於繩削而自合也。（南陽樊紹述墓誌銘）

銘曰：嗚呼徹也，世慕顧以行，子揭揭也，嚘喑以為生，子獨割也，為彼不清，作玉雪也，仁義以為兵，用不缺折也，知死不失名，得猛屬也，自申于闇，明莫之奪也，我銘以貞之，不肖者之咀也。（故幽州節度判官贈給事中清河張君墓誌銘）

士乎質，陶乎成器，復其質，非生死類，全斯用，毀不忍棄，埋而識之仁之義，硯乎硯乎，與瓦礫異。（瘞硯銘）

昔者孔子知不可而為之不已，足跡接於諸侯之國，即可為之時，自藏深山，牢關而固距，即與仁義者異守矣。（與少室李拾遺書）

伏維閣下仁義風天下，任帝室宏寄名譽之美，刑政之威，化道之事，使四方無聲色之娛，金帛之富，車服之制以從之。（上張徐州薦薛公達書）

抱驚世之偉材，發言挺志，夐絕天秀；服仁食義，融內光外；直剛簡質，與世不常。（上張徐州薦薛公達書）

二、韓 詩

孔丘歿已遠，仁義路久荒。（此日足可惜一首贈張籍）

生平企仁義，所學皆孔周。（赴江陵途中寄贈王二十補闕李十一拾遺

李二十六員外翰林三學士）

仁義飾其躬，巧姦敗彝倫。（瀧史）

▲仁德

愛敬奉於君親，仁德聞於士庶。（順宗實錄卷第三）

伏以陛下優賢尚齒，見戣頻上三疏，言詞懇到，重違其意，遂即許
之，此誠陛下仁德之至，然如戣輩在朝，不過三數人，實可為國愛
惜。（論孔戣致仕狀）

德風變譏巧，仁氣銷戈矛。（遠游聯句）

▲仁愛

竊有以見大人君子篤於仁愛，終始不倦，伏讀感歎，不知所喻。（與
鄭相公書）

孔子泛愛親仁，以博施濟眾為聖，不兼愛哉？（讀墨子）

博愛之謂仁。（原道）

▲仁智

傳曰：「智者樂水，仁者樂山。」弘中之德，與其所好，可謂協矣。
智以謀之，仁以居之，吾知其去是而羽儀於天朝也不遠矣。遂刻石
以記。（燕喜亭記）

仁與智且不能，又焉足為聖人乎？（進士策問十三首之十三）

▲仁慈

天子神聖，威武慈仁，子養億兆人庶，無有親疏遠邇。（潮州刺史謝
上表）

咨爾皇太子誦，睿哲溫恭，寬仁慈惠。（順宗實錄卷第一）

▲仁恕

天資仁恕，左右媵侍常蒙假與顏色，人人莫不自在。（扶風郡夫人墓
誌銘）

▲仁勇

蕃，仁勇人也。（太學生何蕃傳）

▲賢仁

事其大夫之賢者，友其士之仁者。（進士策問十三首之六）

所謂賢而仁者，其事如何哉？（進士策問十三首之六）

▲其他

彼之政仁矣，反於誼；此之政敬矣，戾於忠。（本政）

方今天子仁聖，小大之事，皆出宰相；樂善言，如不得聞。（與少室李拾遺書）

今閣下為王爪牙，為國藩垣；威行如秋，仁行如春。（與鳳翔邢尚書書）

肅其為禮，裕其為仁。（河南府法曹參軍盧府君夫人苗氏墓誌銘）

當此之時，涂代十望，其九皆本於偃王，而秦後迄茲無聞家，天於柏翳之緒非偏有厚薄，施仁與暴之報自然異也。（徐州涂偃王廟碑）

惡絕於心，仁形於色。（鄆州谿堂詩）

嗣位之初，禎祥繼至，昇平之符既兆，仁壽之域以躋。（賀慶雲表）

▲義

一、韓　文

合食則禘無其所，廢祭則於義不通。（禘祫議）

蕃居太學，諸生不為非義。（太學生何蕃傳）

古之學者唯義之問。（答陳生書）

今習其書，不識四者之所謂，盍舉其義而陳其數焉。（進士策問十三首之八）

雲雖欲獨食，義不忍；雖食，且不下咽。（張中丞傳後敘）

士之特立獨行，適於義而已，不顧人之是非。（伯夷頌）

又酌而祝曰：凡去就出處何常，惟義之歸，遂以為先生壽。（送石處士序）

愈如東京，道出田橫墓下，感橫義高，能得士，因取酒以祭為文而

弔之。(祭田橫墓文)

公將左右與賊戰州門，不勝，賊呼入，公端立責以義，皆欲兵立。(河南少尹李公墓誌銘)

銘曰：允義孔君，茲惟其藏，更千萬年，無敢壞傷。(唐朝散大夫贈司勳員外郎孔君墓誌銘)

當陽耽經，唯義之畏，石州烈烈，學專春秋。(袁氏先廟碑)

稅節賦時，公私有餘，削衣貶食，不立資遣，以班親舊朋友為義。(清河郡公房公墓碣銘)

皇姑以夫人能盡婦道，稱之六親，其事夫義以順，其教子愛以公。……銘曰：翟氏之先，蓋出宗周，瑣顯於魏，以法文侯，高陵相漢，義以家酬，…。(楚國夫人墓誌銘)

"復讎"，據禮經，則義不同天，徵法令，則殺人者死，禮法二事，皆王教之端。…經之所明者，制之有司者也，丁寧其義於經，而深沒其文於律者，其意將使法吏一斷於法，而經術之士得引經而議也。周官曰：凡殺人而義者，令勿讎，讎之則死。義，宜也，明殺人而不得其宜者，子得復讎也。(復讎狀)

上累聖王知人之哲，下乖微臣量己之義，無補於理，有妨於賢。(為韋相公讓官表)

今燧幸無疾疢，但以年當致事，據禮求退，陛下若不聽許，亦無傷於義，而有貪賢之美。(論孔燧致仕狀)

今惟以鹽利多少為之升黜，不復考其治行，非唐虞三載考績，黜陟幽明之義也。(論變鹽法事宜狀)

夫佛本夷狄之人，與中國言語不通，衣服殊製，口不言先王之法言，身不服先王之法服，不知君臣之義，父子之情。(論佛骨表)

其事信美，其義惟玄，月實水精，故求其本也。…(明水賦)

國朝九廟之制，法周之文，太祖景皇帝始為唐公，肇基天命，義同周之后稷，高祖神堯皇帝創業經始，化隋為唐，義同周之文王，太宗文皇帝神武應期，造有區夏，義同周之武王。(請遷玄宗廟議)

大顛師論甚宏博，而必守山林，義不至城郭。(與大顛師書)

雖義而不求，吾於令縱，不知其不可也。（送浮屠令縱西游序）

自周之前千萬年，渾渾然不知義之可以換其生也，故伯夷哀天下之偷，且以彊則服，食其薇薇，逃山而死，故後之人竦然而言曰：雖餓死猶有義而不懼者，況其小者乎，故義之教行於天下，由伯夷爲之師也。（通解）

苟不傷於義，則聖賢當先眾而爲之也。（鄠人對）

惟承社稷之重，載考春秋之義，授之七冕，以奉粢盛。（順宗實錄卷第三）

古先哲王，明於至道，莫不知其終以存義，順其變以節哀。（順宗實錄卷第五）

二、韓　詩

讀書患不多，思義患不明。（贈別元十八協律六首）

巢成不生子，大義當乖離。（別鵠操）

義泉雖至近，盜索不敢沁。（同宿聯句）

英心甘鬪死，義肉恥庖宰。（鬪雞聯句）

好古義，施於文詞者。（送鄭十校理并序）

嗟余與夫子，此義每所敦。（江漢一首答孟郊）

不負朋義重，上孤朝命榮。（食曲河驛）

▲德義

於身不祥，於德不義；不義不祥，爲惡之犬。（好惡箴）

春秋傳曰：夫有尤物足以移人，苟非德義，則必有禍。（注：左昭廿八年叔向之辭）（上張僕射第二書）

君義不辱，殺身救德，天子嘉之。（祭張給事文）

▲信義

宗族稱其孝慈，友朋歸其信義。（祭薛中丞文）

君在家行孝友，待賓客朋友有信義，其守官恭愼舉職，其朝獻奉文命不避難，其居喪有過人行。（唐故贈絳州刺史馬府君行狀）

▲恩義

公篤於恩義，盡用其祿以周親舊之急，有餘頒施之內外親，無疎遠皆家歸之。（唐故朝散大夫越州刺史薛公墓誌銘）

恩義有相奪，作詩勸躊躇。（符讀書城南）

徒然感恩義，誰復論勳爵？（晚秋郾城夜會聯句）

▲詞（辭）義

學者以所宜用心，願施其詞陳其義焉。（進士策問十三首之九）

將亦有深辭隱義不可曉邪？（進士策問十三首之十一）

辭嚴義密讀難曉，字體不類隸與科。（石鼓歌）

詞慳義卓閟，呀豁疾掊掘。（山南鄭相公樊員外酬答爲詩其末咸有見及語樊封以示愈依賦十四韻以獻）

▲文（詩、言、典）義

而叔文頗任事自許，微知文義，好言事上以故稍敬之，不得如伾出入無阻。（順宗實錄卷第五）

手披目視，口詠其言，心惟其義，且恐且懼。（上襄陽于相公書）

伏惟閣下昭融古之典義，含和發英，作唐德元，簡棄詭說，保任皇極，是宜小子刻心悚慕。（上賈滑州書）

試將詩義授，如以肉貫串。（贈張籍）

▲義行

又以蕃之義行言於司業陽先生城，請諭留蕃。（太學生何蕃傳）

乘機應會，捷出神怪，不畏義死，不榮幸生，故其事君無疑行，其事上無間言。（請邊郡王楊燕奇碑文）

行與義乖，言與法違。（行箴）

爾其尊師重傅，親賢遠佞，非禮勿踐，非義勿行，對越天地之耿光，丕承祖宗之休烈，可不慎歟。（順宗實錄卷第三）

唐貞元時，縣人董生召南隱居行義於其中。（嗟哉董生行）

行身陷不義，況望多名譽。（符讀書城南）

▲義理

考其所陳，中於義理，天人合願，不謀而同。（請上尊號表）

形藏在空，氣應則通，鶴鳴在陰之理不謬，虎嘯于谷之義可崇。（明水賦）

▲義勇

嶷嶷桂林伯，矯矯義勇身。（贈別元十八協律六首）

勇不勁于氣，義不陳乎色。（愛直贈李君房別）

▲其他

居京兆之側，遇事輒爭，不從其令而從其義，求子弟之賢而能業其家者，群玉是也。（與祠部陸員外書）

百姓小人，重財輕義，不能深達事體。（論捕賊行賞表）

誨余以義，復我以誠，終日以語，無非德聲。（祭穆員外文）

公其來矣，爲民父母，父誨其義，母仁其愚，既變既從，孰云其初。（祭董相公文）

參考資料

編排原則：

·依經史子集四部分類，佛教思想置於子部末。

·就作者年代先後及姓名筆劃排序。

·日籍作者與研究韓愈之專著集中排列，便於查考。

經、史：

1. 〔唐〕孔穎達（1968）《十三經注疏》台北：藝文印書館。

2. 〔宋〕朱熹（1982）《四書集註》台北：世界書局。

3. 〔唐〕長孫無忌（1939）《唐律疏議》上海：商務印書館。

4. 〔唐〕李肇（1978）《國史補》台北：世界書局。

5. 〔五代〕王定保（1967）《唐摭言》台北：世界書局。

6. 〔五代〕劉昫（1976）《舊唐書》台北：鼎文書局。

7. 〔宋〕王欽若等（1960）《冊府元龜》北京：中華書局。

8. 〔宋〕王溥（1982）《唐會要》台北：世界書局。

9. 〔宋〕司馬光（1974）《資治通鑑》台北：洪氏出版社。

10. 〔宋〕計有功（1971）《唐詩紀事》台北：鼎文書局。

11. 〔宋〕時兆文（1978）《范文正公年譜》台北：商務印書館。

12. 〔宋〕歐陽修等（1976）《新唐書》台北：鼎文書局。

13. 〔元〕脫脫等（1983）《宋史》台北：鼎文書局。

14. 〔民國〕國立編譯館（1958）《宋史研究集》台北：中華叢書編審委員會

15. 〔民國〕吳怡（1984）《中國哲學發展史》台北：三民書局。

16. 〔民國〕張君勱（1986）《新儒家思想史》台北：弘文館。

17. 〔民國〕陳榮捷編（1983）《中國哲學辭典大全》台北：水牛出版社。

18. 〔民國〕勞思光（1981）《中國哲學史》台北：三民書局。

19. 〔民國〕馮友蘭（1934）《中國哲學史》上海：商務印書館。

20. 〔民國〕黃俊傑（1977）《史學方法論叢》台北：學生書局。

21. 〔民國〕錢穆（1937）《中國近三百年學術史》上海：商務印書館。

22. 〔民國〕錢穆（1980）《中國學術思想史論叢》台北：東大圖書公司。

23. 〔民國〕羅香林（1946）《唐代文化史》台北：正中書局。

24. 〔民國〕羅聯添編（1979）《中國文學史論文選集（三）》台北：學生書局。

25. 〔民國〕嚴耕望（1969）《唐史研究叢稿》香港：新亞書院。

子部：

1. 〔唐〕杜光庭（1923）《歷代崇道記》上海：商務印書館。

2. 〔宋〕朱熹（1983）《朱子語類》台北：漢京出版社。

3. 〔民國〕侯外廬編（1980）《中國歷代哲學文選-兩漢隋唐編》台北：木鐸出版社。

4. 〔民國〕陳寅恪（1982）《陳寅恪先生論文集》台北：九思出版社。

5. 〔民國〕錢穆（1971）《朱子新學案》台北：三民書局。

6. 〔民國〕錢穆（1977）《宋明理學概述》台北：學生書局。

7. 〔民國〕黃俊傑（1986）《儒學傳統與文化創新》台北：東大圖書公司。

8. 〔民國〕劉述先（1982）《朱子哲學思想的發展與完成》台北：學生書局。

9. 〔唐〕永嘉沙門元覺（1968）《禪宗集成》台北：藝文印書館。

10. 〔唐〕懷海（1963）《百丈叢林清規》台北：藝文印書館。

11. 〔五代南唐〕靜、筠二禪師（1972）《祖堂集》日本：中文出版社。

12. 〔宋〕四明沙門常磐（1975）《大正藏》台北：新文豐出版社。

13. 〔宋〕釋契嵩（1981）《鐔津集》台北：商務印書館四庫珍本。

14. 〔宋〕釋惠洪（1975）《石門文字禪》台北：收入新文豐出版《大藏經》第23冊。

15. 〔明〕蓮池大師（1984）《緇門崇行錄》日本：中文出版社。

16. 〔民國〕印順法師（1971）《中國禪宗史》台北：正聞出版社。

17. 〔民國〕印順法師（1971）《原始佛教聖典集成》台北：正聞出版社。

18. 〔民國〕明復法師（1981）《禪門逸書》台北：明文書局。

19. 〔民國〕張曼濤編（1978）《中國佛教史論集》台北：大乘文物出版社。

20. 〔民國〕張曼濤編（1980）《佛教思想文集》台北：大乘文物出版社。

21. 〔民國〕許地山編（1923）《佛藏子目引得》北京：燕京大學圖書館編彙
    處出版。

22. 〔民國〕龍谷大學編（1973）《佛教大辭彙》台北：富山房。

集部：

1. 〔唐〕呂溫（1967）《呂和叔文集》台北：商務印書館四部叢刊本。

2. 〔唐〕李翱（1965）《李文公集》台北：商務印書館四部叢刊本。

3. 〔唐〕杜牧（1967）《樊川文集》台北：商務印書館四部叢刊本。

4. 〔唐〕柳宗元（1974）《柳河東集》台北：河洛圖書公司。

5. 〔唐〕康駢（1922）《劇談錄》上海：商務印書館涵芬樓刊本。

6. 〔唐〕張籍（1929）《張司業詩集》上海：商務印書館四部叢刊本。

7. 〔唐〕劉禹錫（1965）《劉夢得文集》台北：商務印書館四部叢刊本。

8. 〔唐〕歐陽詹（1967）《歐陽行周文集》台北：商務印書館四部叢刊本。

9. 〔宋〕文天祥（1979）《文山先生全集》台北：商務印書館四部叢刊本。

10. 〔宋〕尹洙（1967）《河南先生文集》台北：商務印書館四部叢刊本。

11. 〔宋〕王十朋（1919）《梅溪王先生文集》上海：商務印書館四部叢刊本。

12. 〔宋〕王令（1918）《廣陵先生文集》吳興：劉氏嘉業堂刊本。

13. 〔宋〕王安石（1967）《臨川先生文集》台北：商務印書館四部叢刊本。

14. 〔宋〕王禹偁（1979）《小畜集》台北：商務印書館四部叢刊本。

15. 〔宋〕王應麟（1963）《困學紀聞》台北：世界書局。

16. 〔宋〕石介（1716）《徂徠石先生全集》錫慶堂清康熙五十五年刻本。

17. 〔宋〕司馬光（1929）《溫國文正司馬公文集》上海：商務印書館四部叢
    刊本。

18. 〔宋〕朱熹（1980）〈中庸章句序〉收入《朱文公文集》台北：商務印書
    館四部叢刊本。

19. 〔宋〕呂祖謙編（1962）《宋文鑑》台北：世界書局影印本。

20. 〔宋〕李元綱（1965）《聖門事業圖》台北：藝文印書館。

21. 〔宋〕李石（1935）《方舟集》上海：商務印書館四庫珍本。

22. 〔宋〕李塗（1985）《文章精義》台北：新文豐出版社清刊本。

23. 〔宋〕李覯（1975）《直講李先生文集》台北：商務印書館四部叢刊本。

24. 〔宋〕吳子良（1971）《荊溪林下偶談》台北：藝文印書館寶顏堂祕笈本。

25. 〔宋〕吳自牧（1983）《夢梁錄》台北：商務印書館學海類編本。

26. 〔宋〕吳曾（1982）《能改齋漫錄》台北：木鐸出版社。

27. 〔宋〕何薳（1983）《春渚紀聞》台北：中華書局寶顏堂祕笈本。

28. 〔宋〕余允文（1937）《尊孟辨》上海：商務印書館守山閣叢書本。

29. 〔宋〕阮一閱（1973）《詩話總龜》台北：廣文書局。

30. 〔宋〕邵博（1970）《邵氏聞見後錄》台北：廣文書局。

31. 〔宋〕周紫芝（1959）《竹坡詩話》台北：藝文印書館。

32. 〔宋〕胡寅（1826）《崇正辯》日本：中文出版社。

33. 〔宋〕胡寅（1826）《斐然集》日本：中文出版社。

34. 〔宋〕范仲淹（1929）《范文正公集》上海：商務印書館四部叢刊本。

35. 〔宋〕俞文豹（1963）《吹劍錄》台北：世界書局。

36. 〔宋〕姚鉉編（1968）《唐文粹》台北：商務印書館。

37. 〔宋〕孫復（1978）《孫明復小集》台北：商務印書館四部叢刊本。

38. 〔宋〕馬永卿（1920）《嬾真子》上海：商務印書館。

39. 〔宋〕員興宗（1935）《九華集》上海：商務印書館四庫珍本。

40. 〔宋〕真德秀（1979）《西山先生真文忠公文集》台北：商務印書館四部叢刊本。

41. 〔宋〕晁説之（1934）《嵩山文集》上海：商務印書館四部叢刊本。

42. 〔宋〕葉寘（1983）《愛日齋叢鈔》台北：商務印書館文淵閣四庫全書影印本。

43. 〔宋〕葉夢得（1912）《避暑錄話》上海：中華書局石印本。

44. 〔宋〕陳善（1922）《捫虱新話》上海：文明書局石印寶顏堂祕笈本。

45. 〔宋〕黃震（1971）《黃氏日鈔》台北：商務印書館。

46. 〔宋〕張載（1936）《正蒙》收入《張子全書》上海：中華書局漢籍叢刊本。

47. 〔宋〕程顥、程頤（1982）《河南程氏粹言》台北：里仁書局。

48. 〔宋〕曾季貍（1971）《艇齋詩話》台北：廣文書局。

49. 〔宋〕曾鞏（1965）《元豐類藁》台北：商務印書館四部叢刊本。

50. 〔宋〕楊萬里（1965）《誠齋集》台北：中華書局。

51. 〔宋〕葛立方（1939）《韻語陽秋》上海：商務印書館。

52. 〔宋〕趙令畤（1983）《侯鯖錄》上海：上海古籍出版社。

53. 〔宋〕劉克莊（1979）《後村先生大全集》台北：商務印書館四部叢刊本。

54. 〔宋〕樓鑰（1965）《攻瑰集》台北：商務印書館。

55. 〔宋〕歐陽修（1979）《集古錄》收入《歐陽文忠公文集》台北：商務印書館四部叢刊本。

56. 〔宋〕魏了翁（1965）《鶴山先生大全集》台北：商務印書館四部叢刊本。

57. 〔宋〕羅大經（1983）《鶴林玉露》台北：中華書局稗海本。

58. 〔宋〕羅璧（1920）《羅氏識遺》上海：商務印書館涵芬樓學海類編本。

59. 〔宋〕蘇洵（1968）《蘇洵集（嘉祐集）》台北：商務印書館。

60. 〔宋〕蘇軾（1965）《經進東坡文集事略》台北：商務印書館清刊本。

61. 〔清〕王昶編（1964）《金石萃編》台北：國風出版社。

62. 〔清〕朱彝尊（1965）《曝書亭集》台北：商務印書館四部叢刊本。

63. 〔清〕董誥等編（1982）《全唐文》台北：中華書局。

64. 〔民國〕胡適（1953）《胡適文存》台北：遠東圖書公司。

65. 〔民國〕錢鍾書（1970）《談藝錄》台北：野狐出版社。

66. 〔民國〕羅聯添編（1979）《唐代文學論著集目》台北：學生書局。

論文期刊：

1. 王士瑞（1977）《韓文研究》政大中文研究所碩士論文。

2. 王櫵（1979）《韓愈的道統及其與儒學蛻變的關係》臺大歷史研究所碩士論文。

3. 何寄澎（1984）《北宋的古文運動》臺大中文研究所博士論文。

4. 李章佑（1968）《韓昌黎文體研究》臺大中文研究所碩士論文。

5. 劉翔飛（1976）《唐人隱逸風氣及其影響》臺大中文研究所碩士論文。

6. 高世瑜（1985）〈唐玄宗崇道淺論〉《歷史研究》第 4 期。

7. 高明士（1982）〈隋唐廟學制度的成立與道統的關係〉《臺大歷史學報》第 9 期。

8. 陳郁夫（1985）〈明代中葉程朱學者對禪佛的批評〉《師大國文學報》第 14 期，頁 165-188

9. 陳寅恪（1977）〈順宗實錄與續玄怪錄〉《國學季刊》第 6 卷第 3 期，已收入《陳演恪先生論文集》。

10. 黃雲眉（1959）〈韓愈文學的評價（上）、（下）〉《文史哲》第 11 期、第 12 期。

11. 楊勇（1973）〈朱子論韓愈文之氣勢〉《新亞書院學術年刊》第 15 期，頁 83-102。

12. 葉國良（1985）〈介紹宋儒林之奇的大學改本〉《幼獅學誌》第 18 卷第 4 期。

13. 蔡涵墨（1983）〈禪宗祖堂集中有關韓愈的新資料〉《書目季刊》第 17 卷第 1 期。

日籍作者：

1. 〔日〕木村泰賢（1933）《原始佛教思想論》上海：商務印書館。
2. 〔日〕太田悌藏（1965）《禪と倫理》日本：法政大學出版局。
3. 〔日〕宇野哲人（1957）《中國近世儒學史（一）（二）》台北：華岡出版社。
4. 〔日〕宇野精一編（1967）《講座東洋思想2：中國思想（一）儒家思想》日本：東京大學出版社。
5. 〔日〕宇野精一編（1977）《中國哲學史之研究（一）儒家思想》台北：幼獅出版社。

研究韓愈專著：

1. 〔宋〕方崧卿（1935）《韓集舉正》上海：商務印書館。
2. 〔宋〕朱熹（1983）《韓文考異》台北：商務印書館。
3. 〔民國〕吳文治（1981）《韓愈資料彙編》台北：學海出版社。
4. 〔民國〕馬其昶注（1975）《韓昌黎文集校注》台北：河洛圖書公司。
5. 〔民國〕錢仲聯（1985）《韓昌黎詩繫年集釋》台北：學海出版社。
6. 〔民國〕錢基博（1975）《韓愈志》台北：華正書局。
7. 〔民國〕羅聯添（1981）《韓愈研究》台北：學生書局。
8. 〔民國〕嚴靈峯等（1977）《誹韓案論叢》台北：聯經出版社。